L'AGRICULTURE

AU

COIN DU FEU

PAR

VICTOR BORIE

PARIS

GUILLAUMIN ET Cⁱᵉ, LIBRAIRES

Éditeurs du Journal des Économistes, de la Collection des principaux Économistes,
du Dictionnaire de l'Économie politique, etc., etc.

RUE RICHELIEU, 14

1858

L'AGRICULTURE
AU COIN DU FEU

Corbeil, imprimerie de Crété.

L'AGRICULTURE

AU

COIN DU FEU

PAR

VICTOR BORIE

PARIS

GUILLAUMIN ET C\u1d49, LIBRAIRES

Éditeurs du Journal des Économistes, de la Collection des principaux Économistes,
du Dictionnaire de l'Économie politique, etc., etc.

Rue Richelieu, 14

1858

A

MONSIEUR LÉONCE DE LAVERGNE

MEMBRE DE L'INSTITUT.

Mon cher Maitre,

Permettez-moi de placer ce premier essai d'économie rurale sous votre bienveillant patronage.

La lecture de vos livres m'a montré qu'on pouvait rendre attrayantes les choses de l'agriculture autant par la forme que par le fond, et j'ai essayé de suivre de loin les traces que vous aviez laissées.

Veuillez agréer, mon cher Maître, l'hommage respectueux de ma profonde sympathie et de mon dévouement.

VICTOR BORIE.

PRÉFACE

On plaisante assez souvent les agriculteurs de cabinet, on a tort. Chaque force trouve son emploi. Il n'y a pas de rouage microscopique qui n'ait, dans la grande machine de l'univers, son rôle utile, sa fonction indispensable. C'est ce qui faisait dire à un illustre mathématicien :

« Tout concourt, tout consent, tout conspire. »

En effet, nous concourons tous au même but ; nous employons tous nos efforts à augmenter la somme des produits consommables, c'est-à-dire à augmenter la somme de la prospérité publique.

Il ne faut pas plus dédaigner le savant qui cherche, l'écrivain qui vulgarise que le praticien qui applique : chacun d'eux a sa tâche à remplir.

Homme de cabinet ne veut pas dire homme inutile.

Il y a autant de mérite à labourer avec la plume qu'à labourer avec la charrue : à chacun son sillon.

L'écrivain vulgarise les découvertes de la science, les préceptes de la pratique ; il sert de lien entre les agriculteurs épars sur la surface du globe, que la nature condamne à un isolement fâcheux. Ils ont bien autre chose à faire que de tenir une plume, les mécaniciens qui construisent un instrument nouveau, les cultivateurs qui expérimentent une culture nouvelle, les laboureurs qui demandent à la terre ses précieuses faveurs !

L'écrivain ne s'adresse pas seulement aux praticiens, aux hommes du métier, il parle à tous ceux que l'agriculture intéresse. L'agriculture intéresse toutes les créatures humaines, qui vivent sur notre globe, c'est-à-dire tous ceux qui mangent.

En France, on abandonne généralement le soin de cultiver la terre aux pauvres et aux ignorants, et pourtant l'agriculture est la source inépuisable de toute prospérité.

Là où l'agriculture est honorée règnent l'abondance et la joie.

Là où elle languit tout le monde souffre.

J'ai l'air de répéter ici une vérité banale, si claire, si évidente qu'on n'ose pas l'énoncer. Vous souriez, en me lisant, de la naïveté de cette révélation et vous

abandonnez votre champ à la routine d'un colon ignorant et fier de son ignorance.

Si nous le voulions, la production du sol français,
le plus fertile peut-être de toute l'Europe, serait plus
que doublée et on verrait peu à peu l'aisance remplacer la misère. Mais nous ne voulons pas.

L'humanité est ainsi faite. On a moins de peine à
propager vingt sottises qu'à faire admettre une vérité.

Le blé ne pousse pas tout seul, première vérité.

On ne naît pas agriculteur, comme on vient au
monde, blond ou brun, — deuxième vérité.

Il faut étudier et apprendre l'agriculture comme
on étudie et comme on apprend toutes les sciences,
tous les arts, tous les métiers, — troisième vérité.

Croyez-vous que toutes ces vérités soient admises ?
Croyez-vous que quelqu'un osât jamais en contester
l'évidence ? Non certainement, et cependant vous
agissez comme si le contraire seul était vrai.

Pour nous la terre, cette mère des hommes, *alma
parens*, est un hochet de l'orgueil ou de la vanité. On
achète un domaine pour être propriétaire, pour s'entendre appeler : « Notre maître ; » afin de pouvoir
dire : Mon château, ma ferme, mon champ, mon pré,
ma vigne, et on a hâte de livrer l'objet de son ambi-
tion satisfaite aux soins grossiers d'un pauvre diable
qui meurt de faim à côté de son trésor.

Ah! si vous aviez acheté une fabrique d'allumettes chimiques, vous choisiriez un bon contre-maître, actif, intelligent, instruit; vous vous feriez ouvrir un compte à la banque; vous surveilleriez vos opérations par vous-même. Vous n'achèteriez pas une fabrique d'allumettes pour l'affermer à l'un de vos hommes de peine. Une fabrique d'allumettes, c'est sérieux!

Vous avez une terre magnifique, des champs, des prés, des bois, des troupeaux; vous avez sous la main la mère nourricière de l'espèce humaine, la vie de l'humanité, la source de toute richesse et de toute prospérité, le trait divin qui unit la créature au Créateur, l'Homme à Dieu, et vous vous éloignez dédaigneusement d'une chose indigne de vous, laissant à des mains inexpérimentées et barbares le soin de demander à la terre votre pain quotidien!

En vérité, vous mériteriez d'avoir faim un jour!

Cette triste aberration de l'esprit humain a frappé tous les esprits sérieux qui ont voulu regarder de près les problèmes agricoles. J'ai fait comme les autres et je me suis demandé si cet abandon coupable d'un art précieux entre tous n'était pas un péril pour l'avenir; si les disettes successives de ces dernières années n'étaient pas un avertissement d'en haut pour nous rappeler que la terre n'a de faveurs que pour ceux qui savent les lui arracher.

Frappés des mêmes dangers, d'autres ont demandé à l'État le courage qu'ils n'avaient pas, l'impulsion qu'ils ne savaient pas trouver en eux-mêmes. J'ai pensé qu'il valait mieux en appeler à l'initiative individuelle, laissant à chacun le soin de se sauver lui-même : c'est pourquoi j'ai essayé, dans la mesure de mes forces, de répandre le goût de l'agriculture, cherchant à donner une forme attrayante aux questions qu'elle soulève. Je me suis adressé au public et je lui ai parlé des matières agricoles afin d'attirer, vers un art négligé, les efforts intéressés de tous ceux qu'il nourrit.

Les problèmes épars, réunis dans ce volume, n'ont peut-être pas d'enchaînement matériel, apparent, mais ils sont tous le développement d'une même pensée de progrès, d'une même doctrine économique, la doctrine de la liberté industrielle et commerciale.

Quelques chapitres ont paru, en partie, dans la *Presse* et dans le *Siècle*, feuilles volantes que le vent emporte chaque jour dans le fleuve de l'oubli ; l'article du lendemain efface le souvenir de l'article de la veille.

Dans cet essai rapide sur quelques problèmes de l'économie rurale, j'ai fait mon possible pour enlever aux démonstrations l'apparence ennuyeuse d'une dissertation dogmatique, espérant que quelques lecteurs, rassurés par la forme, oseront aborder le fond, et convaincu, qu'après avoir lu ces pages ils répéteront ce que je me suis dit bien souvent depuis que j'étudie l'agriculture :

« En apprenant à la connaître, j'ai appris à l'aimer. »

L'AGRICULTURE

AU COIN DU FEU

CHAPITRE I

UN MOT NOUVEAU.

Les siècles passés ont vu fleurir, à diverses reprises, les arts et les lettres.

Le dix-neuvième siècle est à l'industrie et à l'agriculture ; l'industrie date de quelques années, l'agriculture date de quelques jours.

Je ne veux pas dire qu'il n'y ait pas eu, depuis long-temps, des propriétaires très-intelligents qui ont cherché les moyens d'améliorer leurs fonds tout en augmentant leurs revenus ; mais l'amélioration du sol ne constituait point une science. Les principes économiques de ce grand perfectionnement agricole étaient pressentis ; ils n'avaient point été formulés.

On faisait de l'agriculture comme les poëtes font des vers, d'inspiration.

1

Si l'imagination dicte quelquefois des chefs-d'œuvre aux artistes, elle fait faire souvent bien des sottises aux agriculteurs. Les uns ont pour guide le caprice, la fantaisie; les autres ne doivent admettre et suivre d'autres conseils que ceux de l'expérience et de la science.

L'agriculture d'inspiration a fait son temps; on la remplace aujourd'hui par l'agriculture rationnelle.

Ce n'est pas nous qui, les premiers, avons fait de l'agriculture rationnelle; les Anglais nous ont devancés de quelques années dans cette voie progressive.

Mais nous avons inauguré la culture améliorante.

C'est un mot nouveau.

Il répond à une idée nouvelle.

L'agriculture améliorante nous appartient, et je crois que si les Anglais ont posé le problème, c'est nous qui l'avons résolu.

Sur une surface de terrain donnée, les Anglais produisent plus que nous. Ils jettent dans la terre un capital d'engrais considérable qui leur rapporte un gros revenu; mais ils n'améliorent pas leur terrain, ils n'organisent pas le cercle économique qui fait dépendre le progrès futur du progrès qui l'a précédé. Ils ont inventé ce qu'on a appelé la culture intensive, la production multipliée par la multiplication des engrais commerciaux.

Les engrais commerciaux, le guano surtout, voilà le secret de leur prospérité agricole. Mais les engrais commerciaux sont limités, les gisements du Pérou et de la Bolivie ne sont pas infinis; on pourrait presque fixer le jour où ils seront épuisés. Que deviendra ce jour-là l'agriculture anglaise?

Les filons de houille ont une limite; la production agricole du bois n'en a pas.

Les engrais qui se reproduisent par eux-mêmes sont éternels; ils dureront autant que pourront durer les forces vitales de la nature.

La base de la culture améliorante, de la culture extensive, — qu'on lui donne le nom que l'on voudra, — est précisément dans cette vérité puissante et féconde : la nature, sollicitée par les efforts de l'homme, animée par son travail, se suffit à elle-même. La mort n'est pas la fin de la vie, c'est le commencement d'une existence nouvelle.

L'Angleterre fait de l'agriculture industrielle.

La France est véritablement agricole.

C'est la pratique généralisée de la culture améliorante qui fera un jour notre supériorité.

Mais en quoi consiste la culture améliorante? il fallait un livre pour l'expliquer, et M. Édouard Lecouteux a fait ce livre. Parmi les écrivains français qui ont posé les bases de cette science nouvelle, M. Lecouteux peut, à juste titre, revendiquer une place importante. Il est un de ceux qui ont le plus contribué à faire connaître cette culture, ses avantages et son mécanisme économique. Il l'a vulgarisée en lui donnant un nom.

La culture améliorante touche à toutes les branches de l'art agricole. Mais son effet se fait principalement sentir dans le choix d'un assolement. On entend par *assolement* le partage du terrain en diverses soles; *sole*

signifie chacune des cultures établies sur un terrain ;
la culture du froment est une sole, celle du trèfle, une
autre sole, etc.

On sait que les plantes ne consomment pas seulement l'engrais que le cultivateur répand sur son
champ, mais qu'elles se nourrissent aussi des engrais
naturels que contient le sol où elles se trouvent. Par
conséquent on ne peut, sans s'exposer à ne pas même
récolter l'équivalent de sa semence, faire pousser du
blé dans le même champ pendant plusieurs années de
suite. L'expérience a eu bientôt appris cela aux cultivateurs. Qu'ont-ils fait? Ils n'ont rien trouvé de mieux à
faire que de laisser *reposer* leur champ pendant tout
une année et quelquefois plus. On a appelé cette année de repos, *jachère*. La jachère a régné bien longtemps. Comme si on devait dîner un jour et se reposer
le lendemain en ne dînant pas.

A cet assolement il faut des prairies naturelles, des
pâturages permanents, pour nourrir le peu de bétail
que la ferme entretient à grand'peine.

Les besoins impérieux d'une population sans cesse
croissante ont fait rechercher la culture améliorante ;
c'est la science venant en aide à la pratique qui l'a
trouvée.

On a étudié la composition des plantes agricoles au
moyen de l'analyse chimique. Quand on a su de quels
éléments elles se composaient, on a cherché à déter-
miner la source où elles les puisaient. On a découvert
que tous ces végétaux ne se composaient pas des mêmes
éléments, ne se nourrissaient pas des mêmes substances.

Le problème d'un assolement rationnel a été résolu.

Nos pères donnaient à la terre un repos nécessaire en ne lui laissant rien produire. Les agriculteurs améliorateurs font reposer la terre en variant sa production. On a alterné la récolte des céréales avec une récolte de fourrages annuels.

L'objet principal de cette culture, c'est, autant que possible, de ne faire revenir les céréales sur le même sol qu'après une année d'absence, et, pendant cette année d'absence, de cultiver sur le même terrain des plantes qui, tout en donnant un produit lucratif, permettent l'ameublissement du sol, sa fumure, et l'extirpation des mauvaises herbes.

Les céréales sont des récoltes indispensables à notre bien-être. Les céréales donnent le pain, et le pain est la base de notre nourriture.

Mais les céréales *épuisent* le sol et le *salissent* en facilitant le développement des plantes parasites.

Il fallait résoudre ce double problème :

Faire des céréales le plus fréquemment possible, tous les deux ans, par exemple,

Et alors chercher pour l'année libre une culture qui permît de nettoyer le sol, de le fumer, de l'améliorer, et qui, tout en payant les frais de ces travaux, donnât un bénéfice au cultivateur.

Les plantes *sarclées* remplissent parfaitement ces conditions. On appelle plantes sarclées, les plantes fourragères, telles que les betteraves, les turneps, les féveroles, les choux, etc. ; et les plantes industrielles, telles que le colza, le pavot, etc. ; enfin le maïs, qui est

1.

à la fois une céréale par son épi, et un fourrage par sa cime que l'on coupe en vert.

Le sarclage que nécessitent ces plantes ameublit le sol et détruit les mauvaises herbes.

En outre, certaines plantes, les légumineuses, en général, ont de longues racines qui vont chercher leur nourriture dans les profondeurs du sol, tandis que d'autres, les graminées, c'est-à-dire toutes les céréales, excepté le sarrasin, n'épuisent que la surface du sol.

On a déduit de ce double phénomène la théorie de la culture alterne, et on a dit :

Il y a des plantes qui ne mangent que du pain. Il y a des plantes qui ne mangent que de la viande.

Supposons qu'il y ait dans le sol du pain et de la viande en rations auxquelles il faut une année pour se reproduire.

Nous mettrons la première année les plantes qui ne mangent que du pain ; elles ne toucheront pas à la viande.

L'année suivante, nous mettrons les plantes qui ne mangent que de la viande ; cela leur sera bien égal qu'on ait mangé le pain.

Pendant que les plantes mangeront le pain, il se produira de la viande pour l'année suivante.

Pendant que les plantes mangeront de la viande, il se produira du pain, et ainsi de suite.

Voilà tout le secret de l'assolement rationnel.

Mais ces plantes qui alternent si heureusement avec les céréales ont aussi une autre fonction que d'ameublir et de nettoyer le sol.

Si ce sont simplement des plantes fourragères, leurs feuilles et leurs tiges nourrissent de nombreux bestiaux ; si ce sont des plantes industrielles et fourragères en même temps, comme, par exemple, les betteraves et le colza, elles augmentent la rente du cultivateur par leur alcool ou leur huile, et contribuent à la nourriture du bétail par leurs pulpes ou leurs tourteaux.

Donc la culture des fourrages, se développant le plus possible, constitue la véritable richesse des cultivateurs.

Avec les fourrages on nourrit de nombreux bestiaux ; avec les bestiaux on obtient du lait, de la viande et du fumier, c'est-à-dire de l'argent et de l'engrais ; avec de l'engrais on obtient des fourrages, de la viande et du blé.

C'est un cercle de production qui laisse chaque année dans les mains du cultivateur une somme de revenu net ou de bénéfice, et qui améliore le sol en augmentant progressivement le chiffre du revenu.

La propagation des principes de la culture améliorante n'intéresse pas seulement la prospérité des cultivateurs. Dans le monde social, comme dans le monde physique, tout concourt, tout conspire.

Les besoins de la consommation augmentent tous les jours. Les services de la production doivent suivre une marche parallèle. Le principe vital de la culture améliorante est dans l'alternance des cultures fourragères, c'est-à-dire dans la nourriture et l'entretien de bestiaux de plus en plus nombreux. C'est la production croissante de la viande qui augmentera la production des céréales en multipliant les quantités d'engrais nécessaires à la fertilité des champs.

Donc, les greniers à grains sont dans les étables.

Le pain est dans la viande.

A l'accroissement des populations, il faut l'accroissement du bétail.

CHAPITRE II

LA CULTURE ANGLAISE.

Les Anglais sont nos maîtres en agriculture.

Tout le monde le dit.

Ce n'est pas précisément une raison pour que ce soit absolument vrai ; mais c'est un motif suffisant pour que nous cherchions à vérifier la valeur de cette supériorité si universellement consentie.

Où prendrons-nous les éléments de cette enquête ?

S'il nous fallait étudier dans tous leurs détails les travaux agricoles de nos voisins, une longue série de chapitres pénibles à faire, ennuyeux à lire, suffirait à peine pour administrer d'une manière complète la preuve que nous cherchons.

Il y a un moyen bien plus simple : prenons ce travail tout fait dans le livre d'un écrivain éminent qui a traité cette question avec autant de sagacité que de talent. Dans son *Essai sur l'économie rurale de l'Angleterre, de l'Écosse et de l'Irlande*, M. Léonce de Lavergne s'est livré à une étude comparative des méthodes anglaises et françaises et des résultats qu'elles obtiennent

dans les deux pays. Il a analysé avec un soin scrupu-
leux le phénomène de la production agricole en Angleterre et en France, cherchant, avec une complète liberté d'esprit, à faire ressortir de l'examen des détails
et de l'ensemble des faits les avantages ou les inconvénients des moyens employés par les deux peuples.

Le livre de M. Léonce de Lavergne peut être divisé
en deux parties principales. Dans la première, il étudie
le mécanisme économique de la production agricole
de l'Angleterre au point de vue des différentes variétés
de produits, et de l'influence exercée sur l'agriculture
par la constitution de la propriété, par les lois finan-
cières et les institutions politiques.

La deuxième partie est entièrement consacrée à l'é-
tude particulière de chaque comté de l'Angleterre, du
pays de Galles, de l'Écosse et de l'Irlande.

Dans la première moitié du livre, l'auteur expose les
faits généraux pour en déduire les lois générales.

La seconde moitié a pour objet de fournir la preuve
des démonstrations contenues dans la première.

M. Léonce de Lavergne a su donner à ce travail tout le
charme de son style, toute la vivacité et la finesse d'un
esprit vraiment gaulois. On éprouve, en le lisant, cet
attrait irrésistible qui retient un livre dans vos mains
depuis la première page jusqu'à la dernière.

C'est l'effet que ce livre a produit sur moi. Je me suis
hâté de le lire tout d'une haleine, afin de pouvoir ensuite le relire à mon aise.

L'*Essai sur l'économie rurale de l'Angleterre* est plus
qu'un essai; c'est un traité complet, écrit sur les don-

nées les plus exactes, inspiré par une connaissance parfaite des matières agricoles, et conçu d'après les notions d'une saine économie politique. Nous pouvons donc sans crainte puiser à cette source pure les éléments qui doivent servir à asseoir notre jugement sur l'agriculture anglaise comparée à la nôtre.

Nous n'emprunterons que les traits généraux qui sont comme l'essence de ce travail.

Posons d'abord la question.

Une surface de terre étant donnée, lui faire produire la plus grande somme de denrées consommables.

Voilà le problème.

Mais il y a différentes sortes de consommations, parce qu'il y a différentes sortes de besoins.

Il faut donc consulter la hiérarchie des besoins pour régler la hiérarchie des consommations, et, par conséquent, celle des produits.

Quels sont les premiers besoins de l'homme, les plus urgents, les plus implacables ?

C'est la nourriture du corps ; la nourriture de l'esprit vient après. L'homme qui ne mange pas meurt. Il faut d'abord songer à nourrir les hommes.

Sous notre climat, l'homme qui est soumis à un labeur assez rude ne trouve pas dans l'usage exclusif du pain ou des farineux une réparation suffisante; il faut y ajouter de la viande, c'est-à-dire une certaine quantité d'azote. D'après les calculs de M. Payen, de l'Institut, la ration normale de viande d'un individu devrait être de 300 grammes environ par jour.

En Angleterre, la consommation moyenne en viande,

par individu et par jour, est de 224 grammes. On voit qu'on n'est pas très-éloigné de la ration normale.

Savez-vous à combien s'élève la consommation moyenne en France? J'ose à peine l'écrire : à 57 grammes !

Donc, les besoins étant les mêmes en Angleterre et en France, la production en France est considérablement inférieure aux besoins.

Tout l'avantage de l'agriculture anglaise sur la nôtre est dans la comparaison de ces deux chiffres, 224 et 57!

Les Anglais ont compris de bonne heure l'importance de ce cercle économique :

Pour obtenir du travailleur une plus grande somme de produits, il faut lui fournir une réparation suffisante. Pour fournir au travailleur une réparation suffisante, il faut produire une plus grande somme de produits réparateurs.

Or, les Anglais se sont mis aussitôt à augmenter la production de la viande. Ils ont multiplié les fourrages, afin de multiplier les bestiaux ; en multipliant les bestiaux, ils ont multiplié les engrais qui ont servi à multiplier de nouveau la production des fourrages.

Les animaux domestiques qui servent de base principale à l'alimentation de l'homme sont le mouton et le bœuf.

Étudions d'abord la production du mouton en Angleterre et en France.

On élève, dans les deux pays, un nombre à peu près égal de moutons ; toutes les statistiques l'évaluent à 35 millions de têtes. Les 35 millions de moutons du

Royaume-Uni vivent sur 31 millions d'hectares. Les 35 millions de moutons français vivent sur 53 millions d'hectares.

D'où il résulte que, sur une surface égale, les Anglais ont presque deux moutons quand nous n'y en avons qu'un seul.

Mais ce n'est pas la seule différence.

Nous recherchons encore, dans beaucoup de nos départements, la production de la laine fine au détriment de la production de la viande.

Les Anglais ont expédié leurs mérinos à laine fine en Australie, où ils prospèrent admirablement, et ils se sont exclusivement consacrés en Angleterre à la production de la viande. D'où il résulte que les 35 millions de moutons français produisent annuellement 60 millions de kil. de laine et 144 millions de kil. de viande.

Tandis que les 35 millions de moutons anglais produisent annuellement 60 millions de kilos de laine et 360 millions de kilos de viande.

Donc la proportion des produits en viande de mouton entre la France et l'Angleterre se trouve dans ces deux chiffres très-disproportionnés, comme 360 est à 144.

Et, dans ces chiffres, nous avons comparé la France aux îles Britanniques, en y comprenant les régions montagneuses et désertes de l'Écosse et le territoire accidentellement appauvri de l'Irlande. Si nous voulions nous renfermer dans l'Angleterre proprement dite, l'écart serait bien plus énorme encore. L'Angleterre nourrit 2 têtes de mouton par hectare contre deux tiers d'une tête en France; le produit d'un mouton anglais est plus que le double du produit d'un mouton français. Le revenu moyen d'une ferme anglaise en moutons doit donc être, à surface égale, *six fois plus élevé* que celui d'une ferme française.

Voilà pour la race ovine. Passons à la race bovine.

Les produits de la race bovine sont de deux sortes : lait et viande.

L'usage du lait est considérable en Angleterre; la cuisine est exclusivement faite au beurre, et le fromage joue dans tous les repas un rôle important. Le comté de Chester fournit à lui seul pour 25 millions de francs de fromage par an. Aussi le lait se vend-il plus cher en Angleterre qu'en France. Les vaches françaises produisent 1 milliard de litres de lait, qui passe dans la consommation à raison de 10 c. le litre; les vaches anglaises en produisent le double, qui se vend deux fois plus cher, ce qui donne aux agriculteurs anglais un produit quadruple.

Si nous abandonnons la production du lait pour nous occuper de la prodution de la viande, les résultats paraîtront assez surprenants au premier abord, parce qu'ils impliquent une méthode d'élevage peu connue et encore moins pratiquée parmi nous. Les Anglais, sur 31 millions d'hectares, élèvent 8 millions de têtes de gros bétail. Les Français en élèvent 10 millions sur 53 hectares. Donc les Anglais, sur une surface donnée, ont plus de gros bétail que nous. Pour qu'il y eût égalité dans le chiffre des deux productions, il faudrait que nous eussions en France 14 millions de têtes de bétail.

Mais ce n'est pas seulement sous le rapport numérique

que notre infériorité se fonde. Elle apparaît sous un jour bien plus défavorable, pour ne pas nous servir d'un mot plus significatif, si l'on compare le rendement des bœufs dans les deux pays.

La boucherie française abat annuellement 4 millions de têtes produisant 400 millions de kilogrammes de viande.

La boucherie anglaise abat seulement 2 millions de têtes, qui produisent 500 millions de kilogrammes de viande.

Les Anglais abattent la moitié moins de têtes et obtiennent un quart en sus de viande.

D'où provient cette énorme différence ?

En Angleterre, on ne mange presque pas de veau. Les Anglais ne considèrent pas le veau comme une viande faite ; ils savent, en outre, qu'en tuant un veau, on détruit dans sa source un capital considérable.

En France, sur 4 millions de tête de bétail abattu, les veaux figurent pour 2 millions et demi. La viande de veau est une pitoyable nourriture ; mais nous n'avons pas assez de fourrages pour attendre que nos veaux puissent devenir des bœufs.

En Angleterre, les bœufs ne travaillent presque jamais, et ils obtiennent rapidement un considérable embonpoint.

En France, on abat les animaux après plusieurs années de travail ; ils sont fatigués, épuisés, et, relativement, rendent peu de viande.

Mais, dira-t-on, ce que nos bœufs ne nous produisent pas en viande, ils le donnent en travail. D'abord, ce ne serait pas tout à fait la même chose, car la valeur de la compensation dépendrait du travail plus ou moins productif auquel on les aurait appliqués. Ensuite, si nous formulons les produits en chiffres, nous trouverons que les bœufs anglais qui ne travaillent pas donnent plus de bénéfices que les bœufs français qui travaillent.

Le bétail français donne chaque année :

En lait	100,000,000 de fr.
En viande	400,000,000
En travail	200,000,000
TOTAL.	700,000,000 de fr.

Le bétail anglais donne chaque année :

En lait	400,000,000 de fr.
En viande	500,000,000
TOTAL	900,000,000 de fr.

Donc, une tête de bétail rapporte plus par son lait et sa viande en Angleterre qu'une tête de bétail ne rapporte en France par son lait, sa viande et son travail.

Maintenant, prenons l'ensemble de la production agricole dans les deux pays. Voyons pour combien la viande et le blé entrent dans la production totale de l'agriculture, et nous verrons se confirmer toutes les données qui précèdent.

La production agricole française est évaluée à 5 milliards de francs. La viande entre dans ce chiffre pour 800 millions, et le froment pour 1 milliard 100 millions.

La production de l'Angleterre proprement dite est évaluée à 2 milliards 600 millions. La viande entre dans ce chiffre pour 880 millions, et le froment pour 600 millions.

Ainsi la viande, en France, ne forme pas le sixième de la production totale, tandis qu'en Angleterre, elle en forme le tiers.

Or, l'homme qui mange de la viande est plus robuste que celui qui vit de farineux, et il lui faut en volume une moindre quantité de nourriture. En poussant au développement de la production du bétail au point de vue exclusif de la viande, les agriculteurs anglais ont donc choisi, parmi tous les produits agricoles, le plus substantiel, le plus riche, le plus utile aux populations qu'ils avaient charge de nourrir.

Une surface de terre étant donnée, ils lui ont fait produire la plus grande somme de denrées consommables, et, dans la hiérarchie de ces denrées, ils ont choisi la plus précieuse, la plus utile au bien-être de l'humanité.

En développant la production de la viande, ils ont enrichi leur agriculture et enrichi leur pays.

En développant la production des céréales au détriment de la production de la viande, nous avons appauvri notre agriculture et appauvri notre pays.

La démonstration de cette vérité, honorable pour l'agriculteur anglais, triste pour nous-mêmes, est dans ces deux chiffres, que nous soumettons aux méditations des agriculteurs français amis de leur art et de leur patrie :

Trois hectares de terre française nourrissent deux Français ;

Trois hectares de terre anglaise nourrissent quatre Anglais.

CHAPITRE III

On fait très-bien de prêcher le progrès agricole, d'inventer des machines nouvelles qui facilitent les travaux des cultivateurs, d'enseigner les combinaisons de culture qui doivent multiplier les productions de la terre sans l'épuiser, d'apprendre enfin aux agriculteurs ce qu'ils ignorent , à savoir:

« Que l'industrie agricole est une industrie;

« Que l'industriel qui ne se rend pas un compte exact de ses opérations risque fort de se ruiner;

« Et que l'agriculteur qui ne veut pas tenir des livres de dépenses et de recettes est absolument dans la même situation. »

Malgré tout ce qu'on a pu dire et écrire,

Malgré les expositions, les concours, les primes, les médailles et les discours,

Combien y a-t-il en France d'agriculteurs qui veuillent ou qui sachent se rendre compte de leur situation?

Vous demanderiez à un négociant :

— Combien vendez-vous votre drap ?

— Vingt francs le mètre.

— Combien vous coûte-t-il ?

— Ma foi ! je n'en sais rien;

Vous diriez : Cet homme est fou, et il faut le faire interdire.

Connaissez-vous beaucoup d'agriculteurs qui puissent vous dire à combien leur revient un hectolitre de blé ?

Si vous en trouvez un sur mille, c'est tout au plus ; et encore !

A l'aide de moyennes plus ou moins vagues, échafaudées sur des appréciations plus ou moins incertaines, on suppose que le prix de revient du blé doit approcher, pour toute la France, de 20 francs l'hectolitre. Et ce sont les économistes qui se disent cela entre eux, mais point les agriculteurs.

Il importe peu à un fermier de savoir quel est, en moyenne, le prix de revient du blé pour toute la France. Ce qu'il faut qu'il apprenne, c'est le prix de revient d'un hectolitre de son blé, à lui, et il ne le sait pas.

Il produit à tout hasard, et il vend de même.

Seulement, aussitôt que la récolte est abondante et que le prix du blé descend, il se hâte de demander qu'on ferme les portes. « Nous allons être inondés par les blés étrangers, » s'écrie-t-il. Inondés de produits, inondés de richesses, c'est une inondation que je ne redoute guère.

C'est comme des invités qui se plaindraient de l'abondance de la bonne chère et de l'excellence du vin vermeil dont on remplit leurs verres.

Mieux vaudrait, ce me semble, tout en laissant les

gens manger leur pain à bon marché, chercher les moyens de produire le blé à moindres frais.

Les agriculteurs ne songent guère qu'ils sont non-seulement producteurs de denrées alimentaires, mais aussi consommateurs d'une foule d'autres produits.

Or, c'est le prix de la main-d'œuvre qui détermine la valeur des produits.

La rémunération de la main-d'œuvre est basée sur le prix de l'alimentation humaine.

Si la vie coûte moins cher, le prix du travail baisse.

Si le prix du travail baisse, la valeur des produits qu'il enfante diminue proportionnellement.

Donc, si le cultivateur peut parvenir à diminuer le prix de revient du blé et le vendre moins cher, en réalisant un légitime bénéfice, voici ce qu'il y gagne :

Il vit à meilleur marché, puisque le cultivateur vit d'abord sur sa récolte, et que ce qu'il consomme c'est comme s'il se le vendait à lui-même, car, s'il ne consommait pas son blé, il serait obligé d'en acheter ailleurs.

Non-seulement il paye sa nourriture moins cher, mais le bon marché des denrées alimentaires lui assure la consommation à bon marché de tous les autres produits dont il peut avoir besoin.

Malheureusement, je ne dis pas tous les agriculteurs, mais la masse des agriculteurs, ignorent ces simples vérités.

Qu'arrive-t-il alors ?

On produit à tort et à travers. On croit gagner de l'argent quand on en perd, et il est rare qu'on en gagne.

Le malheureux cultivateur a toute la peine du monde à joindre les deux bouts. Il vit dans la gêne, et tout ce qui l'entoure est gêné comme lui.

L'ouvrier des champs vit de peu, mais il lui arrive quelquefois de gagner moins encore. Moins que peu, ce n'est guère.

Le fermier est presque aussi malheureux que ses ouvriers, mais ce n'est pas la faute des ouvriers si le chef ne sait pas son métier.

Alors le travailleur agricole regarde autour de lui. Il entend parler des villes, il y accourt.

Que voit-il ?

Il ne se préoccupe ni des chômages, ni des mortes-saisons, ni des misères profondes, affreuses, que cachent aux regards indifférents les splendeurs de la civilisation. Ce qui le frappe, ce sont des salaires plus élevés, des jouissances plus variées. A la ville, on a de beaux habits, on mange de la viande, on boit du vin.

On ne peut pas le nier : à la ville, l'ouvrier intelligent, qui a un travail régulier, est ordinairement plus heureux, dans le sens matériel du mot, que l'ouvrier des champs. Mais à la ville la misère est bien plus terrible qu'à la campagne.

Ce n'est pas la misère de l'ouvrier qui frappe le campagnard, c'est sa prospérité.

L'industriel de la ville peut donner de meilleurs salaires à ses travailleurs que l'industriel de la campagne. Le fabricant raisonne son travail, choisit la nature de produits la plus favorable à sa spéculation, étudie, recherche, applique tous les procédés qui peuvent réduire le prix de revient; en somme, il sait se rendre compte, ce que l'agriculteur ne sait pas faire.

L'homme est comme le serpent qui cherche le soleil : il se tourne infailliblement vers celui qui lui fait les meilleures promesses.

Et il a raison.

Malheureusement, ces promesses sont souvent trompeuses, et le mouvement des populations rurales vers les agglomérations urbaines a de désastreux effets sur les individus et sur la société elle-même.

Privée de son intelligence, l'agriculture est malade. Privée de ses bras, l'agriculture se meurt.

C'est alors que se posent ces redoutables problèmes qui mettent en présence l'agriculture et la population. Les statistiques officielles apportent tout à coup ces révélations inattendues aux économistes consternés : la migration des travailleurs des campagnes vers les villes, un temps d'arrêt dans les progrès de la population.

Pourquoi la population tend-elle à se concentrer dans les villes ?

Pourquoi le chiffre des naissances ne dépasse-t-il plus le chiffre des décès ?

Et tous les regards se tournent vers l'agriculture, comme pour reporter sur elle une large part de la responsabilité de ces faits.

Un économiste, dont le public aime les sérieux travaux, qui sait donner un forme attrayante aux questions les plus graves et les plus ardues, M. Léonce de Lavergne, membre de l'Institut, a réuni sur le titre d'un vo-

lume d'économie rurale ces deux termes du problème :
L'Agriculture et la Population.

Le véritable nœud de la question, le dénombrement
de 1856, est rejeté par M. de Lavergne à la fin du livre.
C'est en effet, dans l'ordre logique des faits, la place
qui lui appartient.

L'auteur s'occupe d'abord de la situation de l'agriculture. Où pouvait-il mieux la saisir et l'étudier qu'à
l'exposition universelle de 1855 ? A côté des merveilles
de l'industrie, se trouvaient les merveilles de l'agriculture : au Champ de Mars, le bétail ; au palais de l'Industrie, les produits, les instruments et les machines.

Dès cette époque, M. de Lavergne publiait, dans la
Revue des Deux-Mondes, la première partie de son livre ;
dès cette époque, le clairvoyant économiste semblait
prévoir les révélations graves qu'a données, deux ans
plus tard, l'immense opération du dénombrement de la
population.

En présence des témoignages de nos progrès agricoles, progrès relatifs, plus apparents que réels, il disait :
« Il y a donc eu diminution dans la production, je n'en
doute pas. Je voudrais croire qu'il y a eu plutôt, comme
quelques personnes l'affirment, augmentation dans la
demande ; malheureusement je ne le puis. La consommation a sensiblement augmenté à Paris et sur les autres points où se font de grands travaux publics extraordinaires ; dans l'ensemble, elle ne s'est pas accrue.
Un fait incontestable le démontre : le progrès de la population s'est à peu près arrêté. »

Une étude, ou plutôt une critique remarquable d'un

livre qui a fait grand bruit dans le monde des économistes, suit naturellement l'examen des richesses agricoles
de l'exposition universelle. Les *Ouvriers européens*, par
M. Le Play, constituent une œuvre considérable sur les
travaux et la condition des populations ouvrières de
l'Europe. M. Le Play a dirigé, avec une certaine hauteur de vue, une enquête destinée à pénétrer jusque
dans les détails les plus infimes de la vie domestique
des ouvriers européens. Ce travail contient des indications précieuses, des enseignements pleins de justesse.
Cette œuvre, si on la juge par son titre, devait prendre
des proportions colossales ; malheureusement elle s'est
arrêtée à un nombre restreint de types, et manque de
méthode et d'unité de vues dans l'ensemble des travaux
analytiques qu'elle comprend.

C'est ce qu'a fort bien remarqué M. de Lavergne, tout
en faisant concourir les diverses révélations de ce travail à l'enseignement final qu'il s'est proposé dès les
premières pages de son livre.

Viennent ensuite une étude approfondie sur la liberté
commerciale, au point de vue des progrès de l'agriculture, et un chapitre intitulé *La Paix*, où l'auteur démontre
avec une grande force d'argumentation les dangers de
la centralisation pour la propriété agricole. « Les pays les
plus riches de l'Europe sous le rapport agricole comme
sous tout autre, dit-il en terminant, les Pays-Bas, l'Angleterre, l'Allemagne, la Suisse, sont précisément ceux
où l'autorité centrale a eu le moins de force et s'est le
moins mêlée des intérêts privés. Ceux, au contraire, où
languissaient l'agriculture, le commerce et l'industrie,

l'Autriche, l'Espagne, la Russie, la Turquie, sont ceux où la puissance publique a eu le plus d'action. Dans les uns apparaît la vraie richesse, celle qui se manifeste par l'aisance et la densité de la population; dans les autres domine la fausse, celle qui, pour briller sur un point, épuise tous les autres et fait le désert autour d'elle. »

Le dénombrement de 1856 apporte aux idées saines et justes répandues dans les pays dont on vient de parler la démonstration brutale et irréfutable du fait, non pas du fait isolé qui ne prouve rien, mais d'un ensemble de faits officiels, permanents, constituant les termes évidents d'une loi économique.

Ce travail, essentiellement remarquable, a soulevé de vives critiques dans la presse.

M. Léonce de Lavergne avait dit les choses par leur nom. C'était audacieux. Aussi a-t-il soulevé de vives critiques; mais il y a répondu avec cette autorité de raison, cette mesure d'expression, avec cette finesse d'aperçus, cet atticisme de langage qui font du savant économiste un écrivain plein de charme.

L'état inférieur de notre agriculture, malgré les efforts isolés de quelques agriculteurs intelligents et courageux comme les pionniers de l'avenir, est un fait incontestable.

L'influence de cette infériorité de l'agriculture sur la population ne peut plus être niée aujourd'hui.

La cause principale de ces deux maux n'est-elle pas la perte chaque jour plus marquée de l'aptitude des individus au *self-governement*, comme disent les Anglais?

N'est-ce pas un mal de voir les hommes s'habituer à

attendre du gouvernement l'appui qu'ils ne doivent demander qu'à eux-mêmes, lorsqu'il s'agit de leurs intérêts privés ?

M. Léonce de Lavergne et M. Le Play ont cherché dans l'histoire la réponse à ces questions, et la réponse a été affirmative.

Chercher les causes d'un mal, c'est très-bien, les montrer lorsqu'on a les trouvées, c'est un devoir. Mais il est mieux encore d'éviter les causes qui ont produit le mal.

C'est pourquoi nous nous associons de tout notre cœur à M. Léonce de Lavergne lorsqu'il dit, à la dernière page de son livre :

« Il est bon, sans doute, de juger le passé avec sévérité, mais à condition d'en tirer des enseignements pour le présent. »

CHAPITRE IV

LA QUESTION DES ENGRAIS LIQUIDES.

---

§ 1er. Les vidanges de la ville de Paris.

Ces lourdes et mystérieuses charrettes qui traversent, vers l'heure de minuit, les rues de la capitale, et devant lesquelles les passants attardés doublent le pas en se voilant le visage, transportent à la Villette un engrais des plus précieux, connu sous le nom d'*Engrais humain.*

Jusqu'ici ce riche produit, répandu en grande partie dans les égouts de la ville, avait été considérablement négligé. On l'employait (quand on consentait à l'utiliser) de deux manières : à l'état natif, si je puis m'exprimer ainsi, en le mélangeant avec de la terre, du terreau, des cendres de houille, de la tourbe, des menues pailles ; ou bien en l'exposant à l'action de l'air, après en avoir séparé la partie liquide, afin de le convertir en poudre.

Cet engrais a contre lui deux inconvénients graves : son origine et son arome. Le premier inconvénient repose sur un préjugé que le bon sens et l'usage pourront seuls détruire ; quant à son arome, on l'atténue considérablement en traitant la matière par le sulfate de fer, le sulfate de zinc, l'azotate de plomb, etc., et il est parfaitement démontré aujourd'hui qu'il ne se communique pas aux plantes fertilisées par l'engrais humain, surtout lorsque cet engrais est administré à l'état liquide.

Des expériences sur l'application de l'engrais humain à la culture, sous la forme d'engrais liquide, ont été suivies, l'année dernière, par les soins de la Ville, à la Villette, à Bondy, et sur les terrains dépendants des fortifications de Paris. M. Moll, le savant professeur d'agriculture du Conservatoire des arts et métiers, et M. Mille, ingénieur en chef des ponts et chaussées, chargés de la direction de ces études, ont publié le rapport plein de faits curieux qu'ils ont adressé au préfet de la Seine.

Ce sont les premiers essais authentiques d'un système déjà très-répandu en Écosse et en Angleterre, et qui a fait grand bruit dans le monde agricole; les résultats obtenus sont donc pour l'agriculture française du plus haut intérêt.

Mais, avant de nous occuper des travaux d'expérience, nous devons dire quelques mots de la méthode d'arrosement au moyen de l'engrais liquide.

C'est un fermier du Ayrshire, M. Kennedy, qui a le premier employé ce système de fumure, et qui lui a donné son nom. Dans la ferme de M. Kennedy, il n'y a pas de fumier proprement dit; le plancher des bergeries et des porcheries est à claire-voie. Toutes les matières qui constituent le fumier tombent dans une petite fosse bitumée, traversée par un filet d'eau qui les entraîne dans la grande fosse à purin.

On s'arrange pour que la litière des étables et des écuries ne soit point décomposée par les éléments du fumier, et que ceux-ci, transformés en liquides, soient dirigés dans le réservoir commun.

Les liquides du réservoir sont sans cesse agités et soumis à la fermentation pendant trois ou quatre mois.

Un vaste réseau de tubes souterrains en fonte part du réservoir et aboutit au centre de chaque champ.

Les champs sont préalablement drainés.

Une machine à vapeur fait mouvoir l'agitateur plongé dans les liquides du réservoir, et met en mouvement un puissant jeu de pompes aspirantes et foulantes qui font circuler l'engrais liquide dans les tubes souterrains.

Lorsqu'on veut arroser un champ, un ouvrier ajuste à l'orifice du tube souterrain qui surgit à la surface du sol un tuyau en gutta-percha terminé par une lance semblable à celles des pompes à incendie, et aussitôt une pluie fécondante pénètre le sol et entraîne dans ses profondeurs l'engrais précieux qui doit faire surgir les fourrages épais et les riches moissons.

En Angleterre et en Écosse, on obtient des prodiges avec les engrais liquides.

Savez-vous ce qu'on en fait en France?

Si vous vous êtes quelquefois hasardé, un jour d'averse, dans les rues d'un village, vous avez pu voir couler à vos pieds un ruisseau noir et bourbeux qui, après avoir lavé tous les tas de fumier du voisinage, va se perdre dans le plus prochain ruisseau. Ce torrent, aux ondes brunes forme la partie la plus précieuse du fumier : c'est le jus du fumier, le purin ; c'est, l'engrais liquide.

Dans la Flandre, on a depuis longtemps aperçu les avantages de ce système de fumure, et on arrose le champ avec des tonneaux remplis d'engrais humain liquide, à peu près comme à Paris on arrose, en été, les boulevards et les promenades publiques, en laissant couler le liquide par des tubes percés de trous (1).

MM. Moll et Mille ont voulu importer dans la culture des environs de Paris les méthodes anglaises et flamandes, et l'usage des engrais liquides.

Les réformes économiques ne se commandent pas ; elles se démontrent.

Il en est de même pour les méthodes de culture qui

______

(1) Un philosophe contemporain, M. Pierre Leroux, a soulevé, il y a quelques années, la question de l'engrais humain. Il a fait de la loi du Cercle naturel (*circulus*) la base d'un système économique. Dans un livre intitulé : AUX ÉTATS DE JERSEY, *sur un moyen de quintupler, pour ne pas dire plus, la production agricole du pays*, Pierre Leroux a développé l'idée d'employer comme engrais les vidanges des villes. Il a donné une théorie de l'engrais appuyée sur ce qu'il appelle le *vrai cercle narel*; en voici le résumé : l'engrais humain ne doit point être appliqué aux plantes destinées à l'alimentation directe de l'homme, comme le blé, les pommes de terre, etc. L'homme fournit l'engrais nécessaire à la plante qui plus tard nourrira l'animal, pour que l'animal, à son tour, puisse rendre au sol un engrais utile au blé. En d'autres termes : l'engrais produit par l'homme prépare la nourriture du bétail ; l'engrais produit par le bétail prépare la nourriture de l'homme.

peuvent être rangées parmi les vérités économiques :
on les conseille ; on ne les impose pas.

Il fallait donc démontrer aux cultivateurs des environs
de Paris, — et par la même occasion à tous ceux qui
avoisinent les grandes villes, — que l'engrais humain,
à l'état liquide, triple, quadruple la production de certaines plantes, et n'a aucun des inconvénients aromati-
ques que les préjugés lui attribuent.

Ces deux propositions viennent de recevoir une démonstration aussi complète qu'on pouvait l'espérer
dans les conditions où se trouvaient les expérimenta-
teurs.

Le terrain qui entoure le dépotoir de la Villette a été
divisé en plusieurs lots, sur lesquels on a ensemencé
des céréales, des racines, des plantes commerciales,
des plantes potagères et des fourrages. Ces lots ont été
soumis au régime des arrosements, soit avec l'engrais
humain liquide pur, soit avec les engrais plus ou moins
étendus d'eau.

Le résultat sur les céréales, sur les farineux (fèves,
haricots, pois, lentilles, etc.), a été nul ou plutôt
mauvais.

Les plantes commerciales, les racines et les tuber-
cules ont donné des résultats très-variés. Dans les expériences comparatives, les pavots et le lin arrosés ont
donné moins que ceux qui poussaient sur le même terrain, et auxquels l'engrais liquide n'avait point été appliqué. Le chanvre de Piémont et de Chine, la chicorée
à café et le colza de printemps ont donné davantage, le
colza surtout, qui a fourni dans la porportion de 55 à 30.

Les pommes de terre et les topinambours arrosés ont donné moins.

La production des betteraves, au contraire, a augmenté dans les proportions suivantes, grâce aux arrosements. Ainsi, pour la *jaune des vertus*, le produit s'est élevé de 23 à 56, et pour la *globe jaune*, de 28 à 64; mais pour la *disette*, il n'a été que de 33 à 54, et pour la *blanche à sucre*, de 42 à 52, ce qui est presque insignifiant.

Les plantes potagères, radis, tomates, artichauts, épinards se sont parfaitement trouvées de l'arrosement, et leur croissance hâtive n'était accompagnée d'aucun goût décelant la nature de la nourriture qu'on leur avait donnée.

Mais c'est sur la production des fourrages que les résultats ont été vraiment merveilleux.

Le trèfle et la luzerne ont donné des produits magnifiques. Le trèfle blanc, qui ordinairement ne peut être que pâturé, a donné en deux coupes 30,310 kil. de fourrage vert à l'hectare. La luzerne, qui, l'année de la semaille, ne pousse jamais assez pour être coupée, a été fauchée trois fois, et a donné 31,500 kil. de fourrage vert dans la partie fumée, tandis que l'autre ne produisait que 14,650 kil.

Les fourrages de la famille des graminées, et particulièrement le ray-grass d'Italie, ont donné des résultats incroyables.

Le ray-grass d'Italie a donné, en trois coupes, sur la partie non arrosée, 27,640 kil. de fourrage vert à l'hectare.

Le même fourrage a donné en cinq coupes, sur la partie arrosée, 86,260 kil. de fourrage vert.

Si nous réduisons ce produit en foin sec, nous obtiendrons, pour un hectare de ray-grass, le chiffre énorme de 28,800 kil. de foin sec, produit ordinaire de six hectares de bons prés naturels.

La démonstration des avantages économiques de l'engrais humain appliqué à l'état liquide était faite ; mais il fallait détruire le préjugé de son origine.

Je connais des gens qui ont été malades parce qu'on leur a fait manger, sous le pseudonyme de filet de cheval, un excellent filet de bœuf. Beaucoup de gens s'imaginent que l'engrais humain décomposé par l'action chimique du sol, absorbé par les plantes, conserve encore l'arome de son origine, le transmet à la plante fécondée et au bétail que cette plante a nourri.

Les expériences provoquées par les soins de MM. Moll et Mille ont entièrement détruit ce préjugé.

On a arrosé, avec de l'engrais liquide, deux hectares de terrain en talus pris dans l'intérieur d'un bastion et ensemencés en luzerne depuis une dizaine d'années. L'état de la végétation était si misérable avant l'opération, que la conservation des profils de la fortification était compromise. A la fin de l'année dernière, le produit en était quadruplé.

Une jeune vache flamande, fraîche au lait, fut exclusivement nourrie avec le fourrage provenant de ces terrains ; elle mangea avec bon appétit le fourrage qui lui fut présenté. Son lait, sa crème, son beurre, goûtés par plus de cent personnes, ont toujours été trouvés excellents. Ce lait a été analysé à plusieurs reprises dans le laboratoire de l'École des ponts et chaussées, par M. Hervé-Mangon; on en a envoyé aux hôpitaux de la Salpêtrière et de Lariboisière. Chimistes et médecins se sont accordés à lui reconnaître toutes les qualités qui constituent le meilleur lait.

Maintenant, que devons-nous conclure de tout ceci?

L'engrais humain, appliqué à l'état liquide, produit des effets merveilleux.

Un terrain arrosé produit six fois plus de fourrage qu'un terrain non arrosé, et ce fourrage est excellent.

Or, tous les agriculteurs sont unanimes pour reconnaître que la production des fourrages est la source de la prospérité agricole d'un pays, parce que le fourrage nourrit le bétail, le bétail fait du fumier et le fumier donne du blé.

D'un autre côté, on trouve de l'engrais humain partout où il y a des hommes.

Donc, au lieu de laisser perdre cet engrais précieux dans les égouts ou dans les rivières, créons autour des centres de population de grandes prairies qui nous permettront de nourrir beaucoup plus de bétail, d'avoir beaucoup plus de fumier, et de produire beaucoup plus de viande et de blé.

§ 2. — La ferme de Tiptree-Hall.

La ferme de Tiptree-Hall est une des curiosités agricoles de l'Angleterre ; elle est située dans le comté d'Essex, à environ 60 kilomètres de Londres, près de Colchester.

Il y a dix ou douze ans, les 130 hectares qui constituent la ferme de Tiptree-Hall ne produisaient guère que des ajoncs, des bruyères et quelques rares touffes de genêts. Les deux tiers du sol étaient composés d'une argile compacte, tenace et molle l'hiver, dure et consistante pendant la sécheresse de l'été. L'autre tiers était formé de sable et d'argile.

M. Mechi, le propriétaire de cette ferme, est un des plus riches négociants de la cité de Londres, que le suffrage de ses concitoyens a appelé aux fonctions importantes de shérif de la ville de Londres et du Middlesex pour les années 1856-1857. Le shérif, dans l'ordre des préséances, vient immédiatement après le lord-maire. M. Mechi est doué d'un esprit actif, entreprenant ; il s'est passionné pour l'agriculture comme beaucoup d'Anglais, autant par sentiment national que par amour pour cet art, dont nous commençons seulement à apercevoir, en France, l'importance et les hautes destinées. Lorsqu'il commença à jeter des capitaux dans cette terre ingrate et aride, la raillerie s'attacha à ses premiers essais : on le traitait de *dilettante farmer*. Il laissa dire ; et comme c'est un homme qui sait vouloir ce qu'il veut, les rieurs furent bientôt de son côté, et beaucoup de ceux qui l'avaient poursuivi de leurs plaisanteries s'estiment très-heureux aujourd'hui d'être admis au nombre des privilégiés qui reçoivent chaque année l'hospitalité dans la ferme de Tiptree-Hall.

Si M. Mechi a voulu montrer aux agriculteurs que la terre est entièrement soumise à la domination de l'homme ; qu'avec la science pour guide, on peut obtenir d'elle tout ce qu'on lui demande, il a parfaitement réussi. Jamais agriculteur ne s'est trouvé en présence d'un sol plus ingrat ; les magnifiques moissons que j'ai visitées m'ont prouvé que jamais peut-être la terre la plus féconde n'avait donné de plus beaux résultats.

Lorsque M. Mechi attaqua la terre de Tiptree-Hall, il employa l'écobuage, puis il fit drainer sur une large échelle, à des profondeurs diverses, selon la profondeur de la couche argileuse. J'ai parcouru une colline, couverte d'un blé superbe, qui a été drainée, à quelques endroits, à près de 4 mètres de profondeur. Nous étions au mois de juillet ; après plusieurs jours assez secs, les collecteurs rendaient en quantité considérable une eau fraîche et limpide. Les terres drainées ont été labourées à l'aide de la charrue sous-sol ; puis on leur a appliqué la rotation suivante : blé, fèves, avoine, racine et luzerne ou trèfle.

Comme complément du drainage, M. Mechi a appliqué à toute sa propriété le système connu sous le nom de *système Kennedy,* c'est-à-dire la fumure à l'aide de l'engrais liquide.

Je vais essayer de décrire les mesures prises par M. Mechi pour appliquer cette importante méthode d'amélioration, qui est peu connue dans notre pays.

La stabulation permanente est établie pour tout le bétail de la ferme ; les étables, la porcherie, situées derrière la maison du maître, sont construites de manière à ne laisser perdre aucune parcelle de fumier. L'animal marche sur une claire-voie formée par des traverses carrées, posées de manière à ce que les arêtes soient en face les unes des autres. Ces arêtes sont légèrement arrondies. Les déjections tombent avec les urines dans un réservoir inférieur fortement bitumé.

Au centre des bâtiments de la ferme est établie une machine à vapeur fixe d'une force de 6 chevaux. Cette machine fait mouvoir une batteuse, des concasseurs, des coupe-racines, etc., disposés dans l'intérieur du bâtiment qui la renferme. Mais son emploi principal consiste à faire agir un système de pompes foulantes et aspirantes qui ont la double fonction de transporter le liquide des fosses, situées sous les étables, dans un immense réservoir placé à quelques pas des bâtiments, et de le renvoyer ensuite dans les tuyaux de conduite.

Ce réservoir reçoit ainsi les purins provenant des étables, toutes les eaux de la ferme, auxquelles on ajoute, en quantité convenable, de l'eau pour délayer les matières qu'elles contiennent.

Un vaste système de tuyaux souterrains part de ce réservoir, et amène le purin au centre des pièces de terre. Ces tuyaux en fonte, placés sous le sol à une profondeur suffisante pour ne pas gêner l'action de la charrue profonde, ont environ 3 pouces anglais de diamètre ($0^m,76$). On emmanche, à l'ouverture du tuyau qui surgit au milieu du champ, un tube en gutta-percha terminé par une lance semblable à celle dont se servent les sapeurs-pompiers. Le purin, sous l'action des pompes de la ferme, jaillit par l'orifice de la lance, et se répand sur la terre en pluie bienfaisante. En allongeant ou en raccourcissant les tuyaux, l'ouvrier qui tient la lance peut arroser toutes les parties du champ.

Lorsque je visitai Tiptree-Hall, M. Mechi fit arroser devant nous un champ ensemencé de ray-grass et situé à une assez grande distance de la ferme. Ce fourrage avait été brouté trois fois pendant l'été ; on se disposait à le faire pâturer une quatrième fois. Avant la fin de la saison, M. Mechi espérait obtenir de ce champ cinq pâturages en sus d'un abondante récolte de foin.

Le purin dont ce fourrage est arrosé exhale une légère odeur ; cependant, les troupeaux conduits sur le champ, cinq ou six heures après l'arrosage, se mettent à le brouter sans la moindre répugnance.

Le grand secret des merveilles de Tiptree-Hall consiste certainement dans l'application simultanée du drainage et du système Kennedy. L'influence de l'engrais liquide, convenablement préparé et intelligemment appliqué, est excessivement puissante ; les champs arrosés ainsi se ressentent de cette fumure pendant plusieurs années. Ce phénomène n'a rien qui doive surprendre, si on veut bien se rendre compte de l'action mécanique qui le produit. Les particules fertilisantes du fumier, suspendues dans le liquide, pénètrent intérieurement dans la terre au moyen de ce liquide, qui tend à s'infiltrer par tous les pores du sol, pour s'écouler ensuite dans les tuyaux de drainage. L'eau qui sort par les tuyaux est parfaitement pure, inodore, insipide ; elle a été purifiée par le sol, auquel elle a abandonné tout l'engrais qu'elle contenait. Il y a incorporation immédiate, complète et profonde de l'engrais dans les molécules du sol : c'est l'idéal que recherchent tous les agriculteurs, et qu'on n'avait jamais pu atteindre avant l'introduction du système Kennedy.

Il est évident que la création de ces artères cachées sous le sol, qui transportent dans toutes les parties de la ferme l'engrais liquide qui les féconde, a dû exiger une avance considérable de capitaux ; l'entretien de ces tuyaux, l'alimentation de la machine à vapeur, doivent certainement grever d'une somme assez ronde le prix de revient de ce genre de fumure. M. Mechi, en tenant compte de l'augmentation du prix du fer, estime les dépenses de cette amélioration à 250 francs environ l'hectare ; et il affirme que les intérêts de cette avance sont largement compensés par les produits extraordinaires de ses terres. Ce sont des assertions qu'il ne m'a pas été possible de contrôler dans la rapide visite que j'ai faite à Tiptree-Hall en très-nombreuse compagnie, et je n'ai aucune raison pour douter de leur exactitude.

Cependant, les résultats économiques de la ferme de Tiptree-Hall, qui est établie avec un grand luxe de perfectionnement, trouvent quelques incrédules en Angleterre, et si les expériences agricoles de l'honorable M. Mechi sont concluantes pour tous les esprits, au point de vue des prodiges qu'il a accomplis, tout le monde ne me paraît pas disposé à admettre que les revenus obtenus soient suffisants pour compenser l'intérêt des capitaux engagés.

Il n'est guère possible d'avoir aucune opinion faite

sur ce point, avant que le propriétaire de Tiptree-Hall, qui fait, avec tant de grâce et de bienveillance, les honneurs de sa ferme, consente à compléter l'édification de ses nombreux visiteurs, en mettant sous leurs yeux la clef de voûte de l'édifice : les livres de son exploitation.

Dans tous les cas, M. Mechi eût-il sacrifié généreusement quelques milliers de francs pour donner la démonstration pratique des bienfaits du drainage et du système Kennedy sur des terres de nulle valeur, il aurait déjà rendu un immense service à l'agriculture. Les premiers essais sont toujours très-coûteux ; mais quand un principe est bon, on trouve bien vite à l'appliquer dans des conditions de plus en plus avantageuses. Pour le système Kennedy, par exemple, on peut substituer les tuyaux de terre cuite aux tubes de fer, un moteur hydraulique à la vapeur ; profiter des puits, combiner la pose des tuyaux de conduite avec celle des drains, etc. Donc, le résultat économique fût-il peu satisfaisant, cela ne prouverait rien contre l'excellence du système. D'autant mieux que les travaux destinés à la conduite du purin dans les champs sont des travaux de longue durée, qui rentrent dans la catégorie des frais généraux, et tendent par conséquent à diminuer d'importance avec le temps, et à ne représenter, au bout de plusieurs récoltes extraordinaires, qu'un chiffre insignifiant.

Le spectacle des merveilles accomplies par l'engrais liquide a fait naître chez tous les agriculteurs présents, anglais et français, le même sentiment : le regret de voir se perdre dans les fleuves et dans les rivières les immenses quantités d'engrais que produisent les villes et les villages, et qui suffiraient presque pour fertiliser la moitié du pays.

A Tiptree-Hall, comme à Babraham, les bâtiments de la ferme sont dissimulés, par des massifs épais d'arbustes, aux regards des personnes qui habitent la maison de maître. Ces constructions sont généralement assez restreintes en Angleterre, où la grange n'est pas connue. Elles se réduisent à peu près aux écuries, étables et bergeries. Les blés et les fourrages sont invariablement mis en meules. Ces meules sont isolées du sol par un support circulaire en fonte qui les met complétement à l'abri de toute cause d'altération provenant, soit de l'humidité, soit des animaux rongeurs ; elles sont couvertes de différentes façons, par des chapeaux en paille, par des toiles imperméables attachées à deux mâts, et que l'on abaisse à mesure que la meule diminue.

Ce système permet de se passer des granges, constructions embarrassantes et dispendieuses.

Pendant plusieurs années, M. Mechi a réuni périodiquement à Tiptree-Hall l'élite des agriculteurs anglais et étrangers. Les visiteurs y recevaient une hospitalité princière.

J'ai assisté, en 1856, à la dernière fête de Tiptree-Hall.

Aujourd'hui la ferme modèle de M. Mechi, où il faisait chaque année admirer si complaisamment les prodiges du drainage et des engrais liquides, est fermée aux curieux.

M. Mechi, aujourd'hui shérif de Londres, a-t-il renoncé à ses triomphes agricoles ?

Les champs de Tiptree-Hall étaient magnifiques, les récoltes étaient superbes ; les bâtiments, les étables, les machines, les instruments ne laissaient rien à désirer. Pourquoi M. Mechi a-t-il fermé sa porte au public agricole ?

On a supposé que les succès de M. Mechi lui coûtaient trop cher, et qu'il avait renoncé à l'usage exclusif des engrais liquides.

C'est possible, car la question des engrais liquides est fort discutée aujourd'hui.

§ 3. — Une solution inattendue.

Il existe, à Londres, une administration, on pourrait dire une espèce de ministère, qui a reçu le nom de *Board of Health* et répond assez à ce que nous appellerions en France : *Bureau de salubrité*. C'est ce bureau qui a le plus contribué au succès rapide obtenu par la méthode de fumure au moyen des engrais liquides.

Un écrivain anglais, M. Chadwick, le principal agent du *Board of Health*, a, par ses écrits, répandu, dans le monde agricole, les bienfaits attribués à l'emploi des engrais liquides. Il racontait les merveilles qu'il avait vus chez M. Kennedy, à Myer-Hill (comté d'Ayr), le premier qui ait employé les systèmes tubulaires ; chez M. Telfer, à Cunning-Park (comté d'Ayr) ; chez M. Mechi, à Tiptree-Hall.

Aujourd'hui, les affirmations de M. Chadwick, accueillies par les différents organes de la presse agricole, sont contestées par plusieurs agronomes appartenant à l'Angleterre et à la France.

La méthode de fumure par les engrais liquides peut se diviser en trois parties, parfaitement distinctes l'une de l'autre, et qui ne paraissent pas destinées à subir les mêmes vicissitudes.

Ici, plus que partout ailleurs, il faut apprendre à distinguer.

Donc, nous distinguons :

1° La méthode qui consiste à répandre sur le sol les engrais liquides produits dans les fermes et connus sous le nom de *purins*.

Personne ne songe ni n'a songé à contester l'utilité de cette méthode ; les purins répandus sur les prairies naturelles, surtout, produisent des résultats excellents que tous les agriculteurs soigneux ont été à même de reconnaître et d'apprécier ; ils servent aussi à arroser les fumiers.

2° La méthode qui consiste à proscrire les engrais à l'état solide, à liquéfier tous les engrais et à les répandre sur le sol, à l'aide de tuyaux de fonte et de gutta-percha ou avec les secours d'une machine à vapeur.

C'est ce système qui a été critiqué au point de vue agronomique et au point de vue économique.

M. Kennedy, dit-on, a abandonné sa ferme à M. Myer-Hill et sa machine à vapeur est éteinte depuis plusieurs mois. M. Mechi a fermé au nez des visiteurs agricoles sa ferme-modèle de Tiptree-Hall, et on prétend que la cheminée de sa machine à vapeur a dépouillé son pa-

nache de fumée ; quant à Cunning-Park, on aurait at-
tribué aux engrais liquides des merveilles dont le mérite
appartient uniquement à de fortes fumures de guano :
chez M. Telfer, le liquide servirait tout simplement de
véhicule au guano, répandu sur le sol par doses énormes.

Voilà comment est posée la question en ce moment.
Grammatici certant : nous attendrons pour nous prononcer que MM. les grammairiens se soient mis d'accord et
que l'emploi exclusif des engrais liquides ait été ré-
habilité ou condamné, ce qui ne peut tarder.

3° Enfin la méthode qui consiste à conduire dans les
champs les vidanges des villes.

Les vidanges sont, depuis longtemps, employées en
Belgique, dans la Flandre française et ailleurs, mais,
en France, l'usage en est peu répandu ; pourtant leur
efficacité n'est révoquée en doute par personne.

Mais faut-il les conduire dans les champs à l'aide
du système tubulaire ?

Y a-t-il avantage à mettre le liquide en mouvement
à l'aide d'une machine à vapeur ?

C'est là la question...

Nous revenons au système Kennedy.

En principe, on blâme le système tubulaire.

Cependant, il y a le chapitre des circonstances : ainsi,
on ne le condamne pas absolument si, par exemple,
la ferme est rapprochée d'une ville qui, par mesure
sanitaire, consente à conduire les vidanges à votre portée, et surtout si vous pouvez distribuer le liquide dans
les tuyaux, au moyen de la pesanteur naturelle ; c'est

surtout l'emploi de la machine à vapeur pour mettre l'engrais liquide en mouvement qui fait l'objet des plus vives critiques.

Voilà où en est le problème en ce moment.

Beaucoup de convictions sincères ont été ébranlées; mais on n'a donné aucune démonstration absolue.

On attend que quelques agronomes, dont l'impartialité, l'expérience et le savoir sont connus par tous, aient formulé leur opinion.

Mais quel que soit le résultat définitif des études qui se font en Angleterre et en France, on a vu que plusieurs points avaient été placés, dès le premier moment, en dehors de la discussion, et que l'utilité de l'usage économique de l'engrais provenant des vidanges n'était contesté par personne.

On ne discute que sur le système des tuyaux et l'emploi d'un moteur mécanique.

CHAPITRE V

UNE INSTITUTION A CRÉER.

Je suppose que vous arriviez dans un pays où les étoffes de drap viendraient à manquer.

Un incendie aurait enlevé la dernière fabrique et le dernier fabricant.

Je suppose qu'il vous vînt à l'esprit de mettre à profit la circonstance et de monter une fabrique de drap.

Que feriez-vous?

Vous commenceriez par étudier la fabrication du drap dans les livres ou ailleurs;

Puis vous feriez bâtir une usine;

Vous achèteriez des outils et des matières premières;

Vous embaucheriez des ouvriers.

Mais pour bâtir une usine, pour acheter des outils et des matières premières, pour payer vos ouvriers, avant d'avoir fabriqué ou vendu la première pièce de drap, il vous faudrait avoir de deux choses l'une : ou de l'argent, ou du crédit.

Quelqu'un qui aurait la prétention de bâtir, d'acheter et de fabriquer sans argent ou sans crédit passerait pour un fou et courrait risque d'aller fonder son établissement industriel à Charenton.

Il n'y aurait qu'une voix sur son compte.

Ce qui est vrai pour l'industrie est vrai pour l'agriculture.

Pour obtenir des produits agricoles, il faut bâtir des usines agricoles, qui sont les fermes, les distilleries ; acheter des outils, qui sont les instruments agricoles, le bétail et les engrais ; acheter des matières premières, qui sont les semences, les engrais ; embaucher des ouvriers, qui sont les laboureurs, les moissonneurs, etc.

Je ne parle pas de la terre, on n'a pas encore imaginé qu'on pût faire venir le blé ailleurs que dans un champ. Mais on semble croire assez généralement que la terre étant donnée, rien n'est plus facile que de faire de l'agriculture sans crédit ou sans argent, c'est-à-dire sans bâtiments, sans instruments, sans matière première et sans ouvriers.

On ne sent pas non plus beaucoup la nécessité des connaissances spéciales ; on a plus de confiance dans la malheureuse routine du paysan, — qu'on appelle expérience, — que dans les connaissances de ceux qui apportent dans un art nouveau les lumières de la pratique et de la science réunies.

Que dirait-on d'une administration qui imaginerait, pour le tracé des routes, de remplacer les ingénieurs des ponts et chaussées par des cantonniers, parce que le dernier des cantonniers casse plus de pierres en un jour que ne le ferait le plus habile des ingénieurs ?

Les agriculteurs ont, en général, pris l'habitude de

laisser agir la nature sans l'aider autrement que par des vœux.

C'est plus commode, mais c'est moins productif.

Si les industriels avaient suivi l'exemple des cultivateurs, en serions-nous arrivés au point où nous en sommes? S'ils s'étaient résignés, comme les cultivateurs, à se passer et d'argent et de crédit, verrions-nous les miracles dont nous sommes témoins?

La complète analogie qui existe entre l'industrie et l'agriculture au point de vue du capital ou du crédit semble avoir été méconnue par tout le monde, même par les législateurs.

Les lois sont l'œuvre des avocats ou des industriels, et non des agriculteurs.

On a fait tout ce qu'il fallait pour diriger les capitaux vers l'industrie. On a fait tout ce qu'il fallait pour empêcher les capitaux de parvenir jusqu'à l'agriculture.

Cette profonde différence de situation entre les deux sources principales de la prospérité publique tient à un fait unique :

On a facilité les emprunts à courte échéance pour l'indus'rie. On les a rendus impossibles pour l'agriculture.

Depuis un certain nombre d'années, les choses ont bien changé et les idées économiques ont changé avec les choses. Le capital, aujourd'hui, n'aime plus les longues échéances ; il a besoin de circuler rapidement, de se renouveler fréquemment, de changer de mains le plus souvent possible, afin de multiplier sa récolte d'intérêts en multipliant ses opérations. On espère retrouver dans la mobilité extrême des capitaux la sécurité que l'on recherchait autrefois dans l'immobilisation territoriale ou hypothécaire.

C'est là un fait, et il ne dépend pas de nous de le changer.

Donc, si vous voulez condamner le capitaliste qui prête son argent à l'agriculteur à enterrer son argent dans un champ ou dans un pré, le capitaliste ne prêtera pas. C'est aussi simple que cela.

Alors, que faut-il faire?

Comme on ne peut obtenir de produits agricoles sans élever des bâtiments, sans acheter des instruments, des engrais, des semences et du bétail, sans payer des ouvriers, c'est-à-dire sans avoir des capitaux : comme l'agriculture, qui dispose de la terre, ne dispose pas de capitaux ; comme on ne peut obtenir les capitaux ou plutôt ne suppléer les capitaux que par le crédit ; comme le crédit, dans la situation économique actuelle, recherche la mobilité des placements et ne veut pas entendre parler de prêter à longue échéance ;

Il faut donc mettre les agriculteurs à même d'emprunter de l'argent à court terme.

Le gage qui doit servir de garantie à l'emprunteur ne manque pas. Nous verrons tout à l'heure qu'il s'élève à un chiffre énorme. Je ne parle pas des valeurs territoriales, mais des valeurs mobilières. Seulement la loi, par un excès de prévoyance, a enlevé au malheureux agriculteur la libre disposition de son gage. Les lois sur le *cheptel*, sur les *immeubles par destination*, sur la *tradition du gage*, sont toutes dirigées contre les préteurs. Elles ont pour but de protéger le cultivateur contre ses propres entraînements. Hélas ! elles ne le protégent que trop !

Il ne faut pas condamner un enfant à mourir de faim pour lui éviter une indigestion.

C'est pourtant ce que fait, à ce qu'il nous semble, le Code civil.

§ 1. — Le bail à cheptel.

Le bail à cheptel est un contrat par lequel une partie donne à l'autre des animaux susceptibles de croît ou de profit, à l'effet de les garder, nourrir et soigner sous les conditions convenues entre elles. (Code civil, 1800-1802.)

Mais la nature et l'étendue de ces conditions sont définies et limitées par la loi. « Les chepteliers, dit le *Journal du Palais*, eussent été livrés le plus souvent, par leur pauvreté et leur ignorance, à la merci des propriétaires de bestiaux, si le législateur, par des dispositions sagement restrictives, ne leur eût accordé une protection qu'ils ne pouvaient tirer d'eux-mêmes. »

C'est cette protection, ce sont ces dispositions sagement restrictives qui ruinent le cultivateur.

On a mal pensé des cultivateurs et des prêteurs de bestiaux, et on a voulu empêcher ceux-ci d'imposer des conditions trop onéreuses à ceux-là.

On n'a pas considéré que le bétail était une marchandise, comme l'argent est une marchandise, et qu'en apportant des entraves, sous prétexte d'usure, dans la liberté des conventions, on empêchait simplement de s'accomplir, soit le prêt d'argent, soit le prêt de bétail.

Dans le bail à cheptel simple, le produit brut (la tonte et le croît), se divise par moitié entre le bailleur et le preneur. Les pertes se partagent de la même façon. Chacun a donc moitié des pertes, moitié des bénéfices.

Or, je ne puis, moi bailleur, passer ma vie à surveiller mon cheptelier. Par sa faute, les pertes peuvent devenir considérables; je préférerais me contenter d'un bénéfice moindre et laisser les pertes, s'il y en a, pour le compte de celui qui est chargé par la loi de *garder*, *nourrir* et *soigner* le bétail. Je voudrais faire suivre le bail à cheptel d'une sorte de contrat d'assurance dans lequel le cheptelier serait l'assureur et le bailleur l'assuré.

Le Code civil, afin de protéger le cheptelier, interdit cette clause. Que fait le bailleur? Il ne prête pas.

Et il n'a pas tort.

Car il est dit dans les articles 1810 et 1811 du Code civil que, si par cas fortuit (incendie, épizootie, inondation, etc.), *une partie* des animaux formant le cheptel vient à périr, la perte se partage par moitié entre le bailleur et le preneur; mais que si l'accident est tel que le cheptel ait péri *totalement*, la perte est supportée en entier par le bailleur.

Or, qu'est-il arrivé? En 1846, par exemple, des chepteliers qui avaient perdu *une partie* de leurs bestiaux par l'inondation ont tout bonnement poussé les autres dans l'eau afin de bénéficier de la clause de l'article 1811.

S'ils n'eussent perdu qu'une partie du cheptel, ils supportaient la moitié de la perte ;

En le faisant disparaître en entier, c'est le propriétaire qui payait le tout.

Avouez que les conséquences d'une telle législation sont peu encourageantes pour les capitalistes qui songeraient à fournir au cultivateur le bétail sans lequel il n'y a pas d'agriculture possible.

Autre chose.

On a vu que le partage des risques n'était guère équitable ; le partage des bénéfices l'est bien moins encore.

Les jurisconsultes qui ont rédigé cette partie du Code étaient bien peu au courant des choses de l'agriculture !

La loi dit que la tonte et le croît *seuls* se divisent par moitié entre le bailleur et le preneur ; et les autres produits restent à ce dernier pour l'indemniser de ses soins et de la nourriture.

S'il s'agit d'un cheval ou d'un bœuf de labour, les seuls produits de ces animaux (travail et fumier) reviennent en entier au cheptelier ; il n'y a ni croît ni tonte à en attendre.

Les capitalistes ne fournissent jamais aucun animal de trait à titre de cheptel.

S'agit-il d'une vache laitière, voici l'opération à laquelle elle donne lieu :

Le rendement d'une vache se divise ainsi :

1° Un veau vendu à sa naissance. . . .   20 fr.
2° 1,500 litres de lait à 15 cent. . .   225
3° 10,000 kilog. de fumier.   70
                                         ―――――
                      TOTAL. . . . .   315 f.

Le veau fait partie du croît.

Le bailleur aura sa moitié du produit du veau, soit 10 fr.

Le preneur aura le reste, soit 305 fr.

Prêtez donc des vaches laitières à titre de cheptel !

Pour les porcs, c'est l'inverse.

La valeur d'un porc triple en un an.

J'achète un porc de 40 fr. Au bout d'un an mon cheptelier le vend 120 fr. Je prends pour ma part la moitié du croît, qui est de 40 fr., plus 40 fr. de mes avances ; total 80 fr. C'est de l'argent placé à 100 0/0.

Il reste au preneur 40 fr. pour avoir gardé, nourri et soigné le porc pendant un an.

On ne trouve jamais de cheptelier qui accepte des porcs.

La loi sur le cheptel ne paraît à peu près praticable que pour les moutons.

Ce n'est pas tout.

Je confie des animaux à un cheptelier ; il me doit la moitié de la tonte et du croît ; mais le fonds ne cesse pas un instant de m'appartenir ; l'animal est toujours ma propriété. J'ai affaire à un fripon qui vend mes bestiaux et en garde le produit ; — c'est un vol s'il en fût jamais ; — eh bien ! il n'en est rien aux yeux de la loi ! Je ne puis poursuivre mon dépositaire infidèle que par-devant le tribunal civil, et on sait ce que c'est que d'entamer une procédure civile !

C'est un débiteur, ce n'est pas un voleur.

Il serait donc bien à désirer que la législation sur les baux à cheptel fût revisée ; que l'on protégeât un peu moins les cultivateurs et qu'on permît aux capitaux d'arriver jusqu'à eux.

Ainsi, pourquoi ne permettrait-on pas de substituer à la part proportionnelle que perçoit le bailleur sur les bénéfices un intérêt fixe, librement débattu et librement consenti ?

Pourquoi ne permettrait-on pas au cheptelier de prendre à sa charge, si cela lui convient, la totalité des risques, moyennant une prime payée par le bailleur en réduction de l'intérêt auquel il a droit ?

Enfin, pourquoi faire une exception légale et grammaticale en faveur du cheptelier qui vole son bailleur.

Un vol n'est pas une faillite.

Si je vous prête de l'argent, c'est pour que vous le dépensiez. Tant pis pour moi si vous ne pouvez le rendre au jour dit ; c'est une faillite, et j'en ai couru le risque.

Si je vous prête des bestiaux, c'est pour que vous les conserviez. En les vendant, vous me volez ; c'est une banqueroute frauduleuse.

Si je pouvais vendre la maison que mon propriétaire m'afferme et que j'en mangeasse le produit, j'aurais volé mon propriétaire.

Si je vendais la voiture qu'on me loue, j'aurais volé le loueur de la voiture.

Tout cela est élémentaire.

Il faudrait donc offrir au capitaliste qui veut prêter à l'agriculture les mêmes garanties, la même sécurité que vous offrez au capitaliste qui prête au commerce ou à l'industrie, et pour cela il faudrait modifier la loi sur le bail à cheptel.

Mais cela ne suffirait pas.

Le bail à cheptel est un prêt *par dépôt*, un prêt en nature.

On pourrait aussi prêter au cultivateur de l'argent contre la remise d'un gage.

Le gage ne manque pas, ni l'argent non plus. Mais la loi a judicieusement placé le gage hors de la portée du prêteur et de l'emprunteur.

La valeur existe bien réellement, mais on l'a immobilisée, c'est-à-dire qu'on l'a rendue complétement inutile, ainsi que nous allons le voir.

§ 2. — Les immeubles par destination et la tradition du gage.

Les propriétaires aisés empruntent à un long terme pour payer leurs dettes.

La plupart du temps, ce n'est qu'une substitution de créanciers.

Ils empruntent aussi pour doter leurs filles et pour ouvrir une carrière libérale à leurs fils.

Mais voit-on souvent un propriétaire hypothéquer son bien pour améliorer son champ ? C'est rare.

Les petits propriétaires, ceux qui possèdent un lopin de terre juste suffisant pour ne pas mourir de faim, empruntent sur hypothèque pour s'arrondir, c'est-à-dire pour se ruiner.

Quant au fermier qui ne possède pas de terre, quant au métayer qui ne possède que ses bras, ils n'empruntent ni l'un ni l'autre, parce que personne ne leur prêterait.

Dans l'état actuel de la législation, quelle garantie pourraient-ils offrir? Aucune. Une garantie morale peut-être? A la Banque, la moralité ne s'escompte pas; elle n'est pas cotée à la Bourse.

Il est certainement très-intéressant pour nous que le maître d'un domaine puisse trouver de l'argent pour payer ses dettes, de l'argent pour marier sa fille, de l'argent pour faire de son fils un avocat, un notaire ou un médecin.

Mais nous serions encore plus satisfaits si le cultivateur de ce domaine pouvait trouver de l'argent pour doubler, pour tripler le produit du sol.

Car si les produits de la terre se multiplient, l'abondance viendra, et nous aurons l'espoir de voir enfin se réaliser le problème si séduisant et si difficile de la vie à bon marché.

Pour que le cultivateur suive les progrès que la science agricole lui enseigne, il lui faut de l'argent.

Il faut qu'il puisse acheter des instruments de labourage plus parfaits pour mieux préparer ses terres; il faut qu'il puisse se procurer des semences meilleures, faire venir des engrais plus énergiques, amen-

der ses terres, acheter un plus grand nombre de bêtes
à cornes, faire des prairies et des racines pour nourrir
son bétail; il faut qu'il puisse prendre de nouveaux
ouvriers, augmenter leur salaire, etc., etc.

Pour tout cela il faut trouver, la veille des semailles,
un capital qui sera largement récupéré le lendemain
de la moisson.

Pour trouver ce capital, il faut l'emprunter à courte
échéance ;

Pour trouver de l'argent à courte échéance, il faut
posséder un gage, une garantie matérielle.

Or, ce gage, cette garantie, le cultivateur la possède.

L'agriculture française offre une garantie *mobilière*
qui s'élève à ONZE MILLIARDS. Cette immense valeur se
divise ainsi, suivant les statistiques officielles.

Bestiaux.	3,200,000,000 fr.
Récoltes annuelles. . .	5,000,000,000
Meubles meublants, instruments aratoires, etc.	2,800,000,000
TOTAL. . .	11,000,000,000 fr.

Eh bien ! ce capital énorme est immobilisé par l'article 520 du Code civil.

On a vu, dans notre précédent article, que les législateurs, donnant une légère entorse à la langue française, ont déclaré que celui qui vendait la chose d'autrui n'était qu'un débiteur. On a de plus décrété qu'un meuble est un immeuble. Le second néologisme est la conséquence du premier.

On a voulu donner au propriétaire une garantie vis-à-vis de son métayer.

Seulement, si on eût voulu admettre tout de suite que le métayer qui vend pour son compte la part de récolte du propriétaire vole cette part de récolte, on n'eût pas été obligé de décréter qu'un meuble est un immeuble, c'est-à-dire qu'un objet est meuble et ne l'est pas tout à la fois.

Est-ce que les marchandises d'un drapier sont immeubles par destination si le drapier a un commanditaire?

Et qu'est-ce que c'est que le propriétaire d'un domaine à métayage, sinon un commanditaire?

Quel crédit voulez-vous qu'obtienne un cultivateur quand on vient lui dire :

« Les récoltes pendantes par les racines, et les fruits des arbres non encore recueillis sont immeubles.

« Les coupes ordinaires de bois taillis ou de futaies, mises en coupe réglée, sont encore des immeubles, la veille du jour où vous les abattez.

« Sont immeubles par destination :

« Les animaux attachés à la culture ;

« Les instruments aratoires ;

« Les semences ;

« Les pigeons des colombiers ;

« Les lapins de garenne ;

« Les ruches à miel ;

« Les poissons des étangs ;

« Les pailles, les engrais, etc. »

C'est-à-dire que tous ces objets sont insaisissables

par les tiers, dont les droits sont primés par ceux du propriétaire.

Les récoltes sur pied ont une valeur réelle, tangible, très-facile à apprécier, et qu'on évalue, année moyenne, à 5 milliards; on ne peut emprunter sur cette valeur.

Les coupes d'arbres sur pied ont une valeur encore plus certaine; elles ne redoutent ni la grêle ni la pluie; on ne peut emprunter sur cette valeur.

Les animaux, les instruments, les machines, les pailles, les engrais sont des valeurs immédiatement réalisables; mais ce sont des immeubles, et on ne peut engager ces valeurs.

Que voulez-vous répondre quand on va jusqu'à vous dire qu'un pigeon est un immeuble, qu'un lapin est un immeuble, qu'une mouche est un immeuble, qu'une carpe est un immeuble?

Le cultivateur ne peut donc emprunter ni sur ses récoltes sur pied, ni sur les animaux, instruments ou machines de la ferme, puisqu'il est convenu que ces valeurs sont immobilières.

Mais, après la récolte, c'est autre chose. En effet:

Les récoltes rentrées ou même détachées du sol se transforment et deviennent immédiatement des objets mobiliers que le cultivateur peut engager pour obtenir de l'argent à courte échéance.

Cette forme de l'emprunt sera-t-elle utile au cultivateur? Voyez plutôt:

Il faut environ trois mois pour engraisser un bœuf ou un porc, sept à huit semaines pour engraisser une vache ou un mouton. Je possède la nourriture qui doit l'engraisser, mais l'argent me manque pour acheter l'animal. Si je trouve un prêteur, dans trois mois je puis réaliser une opération excellente pour lui et pour moi-même.

Toutes les terres sont bonnes avec de bons engrais. Pour acheter de l'engrais, il faut de l'argent. On sème en septembre, octobre ou novembre. J'ai en meules ou en grange pour 10,000 fr. de blé non battu; ne pourrais-je pas emprunter sur ce gage 1,000 fr. afin d'acheter des engrais? Après les semailles, je vendrai mon blé et je rembourserai les 1,000 francs prêtés.

Autre exemple :

Je dois mon terme d'automne au propriétaire; ma récolte est enlevée, mais elle n'est pas battue. Il va me faire saisir mes meubles, mes instruments, mes animaux, mes récoltes. Ne pourrais-je pas emprunter le terme que je dois en donnant pour gage ma récolte, qui vaut vingt fois cette somme?

Il serait facile de multiplier les exemples des avantages qu'auraient les cultivateurs à emprunter sur leurs récoltes lorsqu'elles seraient devenues des valeurs mobilières.

Malheureusement, cet emprunt est encore impossible. Nous avons compté sans la *tradition du gage*. Pour qu'il y ait nantissement aux yeux de la loi, il faut que le gage soit effectivement remis entre les mains du créancier, il faut qu'il y ait déplacement.

Or, je vous le demande, si j'emprunte 1,000 fr. à M. de Rothschild, il faudra que je dépose dans son hôtel

25,000 kilogr. de foin, ou bien une couple de bœufs, ou bien une cinquantaine de moutons !

Qui pourrait donc consentir à recevoir un gage aussi facile à loger ?

La simple supposition d'une opération pareille est absurde.

Il est absolument impossible au cultivateur de trouver cinq centimes à emprunter à courte échéance ; et c'est le seul emprunt qui ne l'expose pas à se ruiner.

Quand on emprunte à long terme, sur hypothèque, l'époque du remboursement se cache dans le lointain de l'avenir ; on ne songe guère au quart d'heure de Rabelais. Qui a terme ne doit rien, dit-on. On devrait plutôt dire : Qui a *long* terme ne doit rien. On ne songe pas à préparer le remboursement. C'est pour cela qu'on a inventé le prêt avec amortissement, joint à l'intérêt.

. Mais cette forme d'emprunt a un vice capital. Ainsi, pour les opérations que nous avons décrites plus haut et pour beaucoup d'autres de ce genre, l'emprunteur n'a besoin de crédit que pour un temps limité ; une fois l'opération terminée, il rend l'argent, empoche le bénéfice et ne paye plus un sou d'intérêt.

Dans les emprunts à long terme, l'intérêt court, toujours, qu'on se serve des capitaux ou qu'on ne s'en serve pas.

L'emprunt à courte échéance est une voiture à la course ;

L'emprunt à long terme est une voiture à l'heure ; *un ver rongeur*, comme disent spirituellement les Parisiens.

Il en est de l'agriculture comme de l'industrie ; c'est

la circulation rapide, multipliée de l'argent qui fera sa force et sa fécondité.

L'emprunt à courte échéance peut seul provoquer cette activité des capitaux, destinés à accroître indéfiniment la puissance productive du sol.

Que l'on traite donc l'agriculture sur le même pied que l'industrie, et l'agriculture aura bientôt atteint, dépassé peut-être son heureuse rivale.

C'est ce qu'ont demandé au gouvernement quelques agriculteurs éminents par l'organe de M. d'Esterno, membre du conseil général de Saône-et-Loire.

Le conseil d'État a été, je crois, saisi de cette réforme; espérons qu'elle trouvera, dans des juges mieux éclairés par le mouvement actuel des idées, l'appui que l'agriculture tout entière sollicite pour elle.

Les vœux formulés par M. d'Esterno peuvent se résumer ainsi :

« Les récoltes, bestiaux et autres meubles par nature garnissant une exploitation rurale, quelles que soient leur valeur et leur destination, peuvent être donnés en garantie des prêts contractés par les propriétaires, fermiers, métayers ou autres personnes exerçant l'industrie agricole.

« Les droits des tiers demeurent consacrés dans le cas où ils s'en seraient dessaisis.

« Les meubles pourront être valablement engagés sans déplacement ou par une consignation à domicile; la tradition s'opère alors par une convention écrite ou une estampille ou marque fixée à l'objet engagé.

« L'objet engagé peut, sans qu'il y ait interruption

de possession pour le prêteur, être employé aux mêmes usages que précédemment, quand même il en résulterait un déplacement sans importance, pourvu que ce déplacement ait été prévu par contrat : ainsi, des bestiaux consignés pourront être envoyés à la charrue ou au pâturage.

« Le détournement du gage commis ou toléré par l'emprunteur constitue le crime prévu par le paragraphe 3 de l'article 386 du Code pénal.

« Si le gage se trouve détruit ou endommagé par la faute de l'emprunteur, la dette devient immédiatement exigible, sous les garanties stipulées au paragraphe suivant :

« Le prêt à moins de trois mois, sur engagement de valeurs agricoles mobilières, est *un prêt commercial,* et le billet souscrit par l'emprunteur est un effet de commerce.

« Lorsqu'un agriculteur ne pourra remplir ses engagements et qu'il aura été l'objet d'un certificat de carence il sera déclaré en faillite. »

Tant qu'on a cru que le blé poussait tout seul et qu'on pouvait cultiver le sol sans capitaux, on a fait du cultivateur une sorte d'exception : il fabriquait et il n'était pas industriel ; il vendait et il n'était pas commerçant.

On l'avait placé dans une belle niche, et on ne s'était plus occupé de lui que pour lui envoyer périodiquement quelques coups d'encensoir sous le nez.

Mais la population s'accroît et les besoins augmentent avec elle.

La terre renferme des trésors, seulement il faut les lui arracher.

On n'obtient rien de rien, *De nihilo nihil.* C'est vrai pour l'agriculture comme pour le reste.

Avec le capital, l'industrie et le commerce font des prodiges.

Sans le capital, l'agriculture végète et les hommes sont exposés à avoir faim.

Donc, si nous voulons manger, conduisons le capital à l'agriculture, et ne repoussons pas, par une législation mal entendue, les garanties que le cultivateur nous offre et sans lesquelles, quoi qu'on dise et quoi qu'on fasse, l'argent n'ira jamais au sol.

Il faut offrir à l'argent la sécurité, les facilités qu'il exige.

On ne prête pas au cultivateur, à ses risques et périls, pour le plaisir de l'obliger.

Le capitaliste ne tient pas à faciliter, à ses frais, les progrès de l'agriculture.

La pièce de cent sous n'est pas philanthrope.

§ 3. — Objections.

Toutes les vérités ne sont pas bonnes à dire ;

Les vérités économiques pas plus que les autres.

Nous vivons dans un tel océan d'erreurs, de préjugés, de sophismes, qu'il faut avoir un certain courage pour avancer l'aphorisme le plus banal. Celui qui le premier a osé prétendre que deux et deux font quatre a dû avoir une rude lutte à soutenir.

Surtout si beaucoup de gens avaient intérêt à ce que deux et deux fissent cinq.

On comprend cependant à la rigueur la résistance des intéressés lorsqu'il s'agit d'admettre une nouveauté de cette force ; mais quand l'intérêt de tous est attaché à la consécration d'un principe nouveau, comprend-on la révolte contre ce principe malgré son évidence et son utilité ?

C'est ce qui arrive pour le crédit à court terme.

Tout le monde reconnaît l'utilité d'une institution qui procurerait de l'argent aux agriculteurs.

Mais la société ne veut pas accorder à ces agriculteurs la libre disposition du gage qui leur fera trouver cet argent.

En un mot, pourquoi les agriculteurs n'ont-ils pas de crédit ?

Les capitalistes ne demandent pas mieux que de faire *travailler* leur argent ;

Les cultivateurs ne demandent pas mieux que d'augmenter leur revenu à l'aide d'un emprunt momentané.

Voilà deux époux qui désirent s'unir, mais la loi rend ce mariage impossible.

Nous avons demandé que, même à l'École de droit, on voulût bien respecter la langue française et le bon sens, en ne brouillant pas nos idées sur ce qui est meuble et sur ce qui est immeuble. La destination ne change rien à la chose.

On répond que c'est dans l'intérêt de l'agriculture, tel qu'on l'entendait encore lors de la rédaction du

Code Napoléon, que les articles 520 à 524 sur les immeubles par destination ont passé dans ce Code.

Nous ne savons pas comment on entendait l'intérêt de l'agriculture, autrefois ; ce que nous savons, c'est qu'aujourd'hui les questions industrielles sont tout autres. Les institutions de crédit ont pris un développement qu'elles n'avaient pas en 1804 ; la circulation des capitaux est devenue incessante, multipliant dans sa course rapide les forces productives du pays.

Donc, ce qui pouvait avoir sa raison d'être en 1804 ne l'a plus aujourd'hui.

Ici l'on nous arrête.

L'industrie agricole n'est pas une industrie. Qu'est-ce que c'est donc alors, si ce n'est pas une industrie ?

Nous recommençons la série des néologismes et des entorses données au bon sens.

Un meuble est un immeuble ;

L'industrie agricole n'est pas une industrie ;

La propriété littéraire n'est pas une propriété ;

Un chat n'est pas un chat.

Quelle différence y a-t-il économiquement entre un homme qui fabrique du blé et un homme qui fabrique de la farine avec ce blé ? Le second est un industriel, le premier ne l'est pas.

Quelle différence y a-t-il entre un homme qui achète quelques centaines de moutons pour les tondre et vendre leur laine, et un homme qui achète cette laine pour la tisser et vendre du drap ? Le second est un industriel, le premier ne l'est pas.

Un monsieur qui possède une bibliothèque la lègue à ses enfants, qui la transmettent à leur postérité ; le droit de propriété sur ces livres est inaliénable, éternel.

L'homme qui a écrit les livres de cette bibliothèque, qui les a tirés de son cerveau, perd son droit de propriété sur ces livres 30 ans après sa mort.

On dit : Vous voulez donc laisser à des héritiers méchants ou ineptes la faculté de priver l'humanité de ses chefs-d'œuvre ? — Non, certainement. Expropriez les œuvres des grands hommes, mais payez-les comme vous payeriez le terrain d'un homme ordinaire pour y faire passer un boulevard.

Mais savez-vous pourquoi on vous dit que l'industrie agricole n'est point une industrie, qu'il lui faut une protection particulière ? — Belle protection que celle qui m'étouffe !

Je vais vous le dire : c'est une erreur basée sur une tradition.

L'immobilisation des objets meubles ne date pas d'aujourd'hui ; elle nous vient d'Henri IV, qui a eu ses raisons, dans le temps, pour se permettre cette innovation.

On disait autrefois : « Nulle terre sans seigneur. »

Le sol appartenait au seigneur; le serf cultivait ce sol pour le compte de son maître. Or, il arrivait fréquemment que le seigneur, fort occupé à la guerre ou à la cour, vendait les bestiaux, les instruments aratoires, les meubles de la ferme ; enfin, pour subvenir à l'entretien de ses soldats ou de ses maîtresses, il eût vendu ses serfs si on avait pu les vendre. C'est ce

que le roi Henri IV voulut empêcher, quand il rendit,
le 16 mai 1595, une ordonnance dont nous extrayons
le passage suivant :

« Nous avons été assurés, par les plaintes qui en sont
« venues de toutes parts à nos oreilles que les con-
« traintes et exécutions que l'on fait contre les labou-
« reurs et la crainte qu'ils ont d'être vexés ou tour-
« mentés, tant pour les grandes dettes desquelles la
« malice et incommodité du temps les a surchargés, que
« pour la recherche du payement de nos tailles et des
« autres levées qu'il leur convient de payer, les ont fait
« quitter et abandonner non-seulement leur labour et
« vacation ordinaire, mais aussi leurs maisons, *se trou-*
« *vant maintenant les fermes, censes et quasi tous les vil-*
« *lages inhabités ou déserts.* »

Les terres étaient immobilisées, inaliénables en qualité de fief, de majorat ; les seigneurs, ne pouvant vendre
leurs terres, vendaient les meubles, les animaux, les
instruments, etc., et les malheureux paysans fuyaient
le sol ingrat qu'ils ne pouvaient cultiver avec leurs on-
gles et allait demander à une autre industrie le pain
que le seigneur leur enlevait.

Que fit le roi Henri? Par le décret de 1595, il immo-
bilisa les meubles de la ferme, qui devinrent inaliénables comme le sol auquel ils appartenaient. C'était
sage et prudent, car si les paysans avaient cessé de travailler, les seigneurs auraient cessé de manger. Ils ne
songeaient pas à cette conclusion, les écervelés ; le roi
y songea pour eux.

Mais aujourd'hui, il n'y a plus ni serf ni seigneur.

Le métayer dit bien encore « *not'maître;* » mais c'est un mot vide de sens.

C'est bien plutôt le métayer qui est *n'ot' maître.*

Le *maître* du dix-neuvième siècle et son métayer sont deux associés. Ils n'ont pas plus l'un que l'autre intérêt à dissiper les meubles de la ferme.

Les articles du Code civil qui reproduisent l'esprit de l'ordonnance de 1595 sont donc un anachronisme.

Il est sans doute malheureux qu'un fermier se ruine, qu'un métayer fasse de mauvaises affaires ; mais, pour un maladroit qui se perd en cherchant à améliorer sa culture, il y en a dix qui s'enrichissent et qui enrichissent le pays. C'est comme si vous vouliez ôter le crédit à un manufacturier pour l'empêcher d'adopter des machines perfectionnées ; vous seriez bien reçu.

Et remarquez que ce n'étaient pas le serf, le métayer, le fermier que voulaient lier la déclaration de Henri IV ; c'était le propriétaire. Or, dans la plupart des cas, notre Code ne le lie pas du tout. Depuis qu'il n'y a plus de majorats, il peut vendre, dissiper bestiaux, meubles, instruments, etc., à moins qu'il n'y ait sur son fonds une hypothèque.

Pour que les bestiaux, meubles et instruments soient réellement immobilisés, il faut que le propriétaire soit marié sous le régime dotal.

Nous avions ensuite demandé que le débiteur pût consigner son gage, bétail ou récolte, en mettant le créancier en possession d'un bâtiment ou d'une portion de bâtiment. La jurisprudence a bien généralement admis cette forme de consignation, mais la jurisprudence est variable, et la loi seule peut être une garantie suffisante pour le capitaliste.

Mais si vous laissez au débiteur la disposition du gage, chose essentiellement mobilière, ce gage pourra disparaître et la garantie du créancier avec lui, nous objecte-t-on.

Oui, mais que dès le moment qu'il fait disparaître le gage, le *débiteur* devienne, aux yeux de la loi, un *voleur*, et l'application des art. 386 et 408 du Code pénal sera une suffisante garantie.

Celui qui vend le gage sur lequel j'ai prêté mon argent et qui reste mon débiteur me vole mon argent. C'est clair. Que la société le poursuive comme voleur et qu'on ne m'oblige pas à lui faire un interminable procès civil. Ce ne sont pas des huissiers qu'il faut lui envoyer, ce sont des gendarmes.

Faut-il revenir sur la question de faillite et de contrainte par corps!

On dit : Le cultivateur ne peut être déclaré en faillite parce qu'il ne saurait pas tenir des livres! Croyez-vous l'Auvergnat, mon charbonnier, dont vous faites un négociant, plus apte à tenir des livres que l'Auvergnat, mon métayer?

Parce qu'il est cultivateur, le paysan ne peut être mis en état de faillite; il est trop ignorant. S'il lui prend envie de vendre du vin, il devient aussitôt commerçant, et les qualités qu'il n'avait pas la veille, il les possède le lendemain, pour les perdre encore quand il rendra sa licence de cabaretier. Ca n'est pas sérieux.

Je n'aime pas la contrainte par corps; c'est une tradition barbare et une garantie que je crois illusoire ; mais si vous admettez la contrainte par corps pour procurer du crédit à celui qui vend de la farine, vous devez l'admettre en faveur de celui qui vend du blé, à moins que vous ne décidiez que :

Vendre du blé sur le marché, ce n'est pas vendre.

Les modifications que nous sollicitons dans la législation agricole ne sont point le fruit des songes creux d'un idéologue ou d'un utopiste, comme on dit. Ce sont des avocats qui ont rédigé le Code dans l'intérêt de l'agriculture ; ce sont des agriculteurs éminents, des membres du Sénat, du Corps législatif, du Conseil général d'Agriculture, qui en demandent la réforme dans l'intérêt des cultivateurs.

Seulement, les législateurs se sont trompés de date : les articles que l'on voudrait modifier eussent été très-utiles aux cultivateurs du seizième siècle ; ils devinrent très-nuisibles aux cultivateurs de notre temps.

Depuis 1789, la constitution de la propriété s'est profondément modifiée ;

Depuis 1804, les conditions du crédit, la science de l'agriculture et la pratique de cet art ont subi des révolutions profondes.

A un art nouveau il faut des institutions nouvelles ; et, depuis quelques années, l'agriculture est devenue un art entièrement nouveau.

CHAPITRE VI

LES MILLIARDS.

Quand vous conseillez à un agriculteur quelque amélioration, il vous ferme la bouche avec un mot :

— Je n'ai pas d'argent.

— Empruntez.

— Je n'ai pas de crédit.

Et, en effet, le cultivateur n'a pas d'argent, car lorsque, par hasard, il lui en arrive, il s'empresse d'acheter des terres, afin de s'arrondir.

Il n'a pas de crédit, car dans l'état actuel de la législation sur le cheptel, sur les immeubles par destination, sur la consignation du gage, nul ne voudrait lui prêter, ni sur ses instruments, ni sur ses bestiaux, ni sur ses produits.

Mais il y a encore une autre raison pour que le cultivateur ne trouve pas de capitaux : on confond les deux capitaux, *propriété* et *exploitation*, et on croit que l'agriculteur ne peut pas payer l'argent assez cher.

Or, l'argent n'est pas philanthrope ; il ne faut pas chercher où bat le cœur de la pièce de cent sous. Le

« vil métal » des poëtes va tout droit vers celui qui promet de le payer le mieux.

Quelques personnes, frappées de ces difficultés, ont cherché la clef de la situation dans une combinaison d'une simplicité étonnante.

« Ah ! l'argent ne veut pas venir à l'agriculture de son plein gré, » se sont-elles dit ; « eh bien, nous l'y mènerons de force. »

Comme si la violence et le crédit avaient jamais marché de concert.

Lorsque la force s'en mêle, la confiance s'envole et le crédit avec elle.

Ces braves gens, animés des meilleures intentions du monde, mais guidés par une lumière trompeuse, ont inventé une foule de banques (en projets), dont les coffres regorgeront de millions et même de milliards, sans qu'on ait à prendre la peine d'y placer un sou.

Le crédit agricole sans argent, c'est la pierre philosophale du dix-neuvième siècle.

Les alchimistes du moyen âge cherchaient, mais ils ne trouvèrent pas. Pauvres alchimistes !

Les alchimistes-économistes de notre temps ont pris moins de soins, et ils ont eu bien vite découvert la pierre philosophale, la recette pour faire de l'or, l'eau de Jouvence, l'élixir de longue vie, cette baguette enchantée qui fait naître plus de trésors que la merveilleuse lampe d'Aladin.

Le papier-monnaie a compromis une grande révolution, et tout le monde n'est pas encore édifié. L'assignat (si le nom change, la chose est la même) exerce sur

les esprits une étrange fascination. On appelle cela :
« Le crédit sans argent. »

Les solutions de ce genre varient peu. Elles sont toutes de la même famille.

Le procédé est aussi simple qu'une recette de la *Cuisinière bourgeoise :*

« Pour faire un civet, prenez un lièvre. »

Pour faire du papier-monnaie, prenez du papier ; faites graver sur ce papier des vignettes représentant Cérès, l'image symbolique de l'agriculture, une charrue, des gerbes de blé, une corne d'abondance, etc., etc.; vous apposez des timbres secs, des timbres noirs, des timbres rouges ; vous y ajoutez deux ou trois paraphes, l'indication de la somme en toutes lettres, etc., etc..., et vous servez chaud !

Seulement, vous avez besoin de mettre les gendarmes et les juges sur pied, afin de contraindre les convives à goûter à votre sauce et à la trouver excellente.

C'est le *cours forcé.*

Le cours forcé peut être rangé dans la catégorie de la taxe et du maximum.

Les partisans du crédit agricole sans numéraire, quelle que soit la forme que prennent leurs projets, font à peu près tous ce raisonnement :

« La propriété foncière est grevée de sept ou huit milliards d'hypothèques : c'est de l'argent qui dort. »

— Pardon, c'est la trace de l'argent qui a passé.

— « Substituons au contrat hypothécaire un billet de banque conservant tous les priviléges du contrat, et nous aurons rendu sept ou huit milliards à la circulation.

« Ces milliards feront une terrible concurrence au numéraire ; l'argent deviendra moins cher, et ce sera bien le diable s'il n'en arrive pas un peu jusqu'à cette pauvre agriculture. »

On confond tout simplement deux choses : « l'argent et le crédit. »

L'argent, c'est-à-dire le numéraire, est un signe d'échange ; il représente des produits et facilite l'échange de ces produits entre eux ou contre des services. Son rôle se borne à cette fonction.

Le crédit est la facilité que l'on trouve à emprunter des capitaux, c'est-à-dire la représentation des produits accumulés ou ces produits eux-mêmes.

Si moi, agriculteur, j'emprunte mille francs, cette somme représente, pour moi, des instruments, des engrais, les salaires de mes ouvriers, c'est-à-dire leur nourriture, leurs habits, etc.

Le crédit fait que je dispose, pour mon propre compte, d'une valeur matérielle qu'un capitaliste a économisée, a mise de côté ; en me la prêtant, il s'en prive lui-même et ne peut la prêter à un autre.

Si je multiplie le crédit qui sert à mobiliser, à échanger les produits, je ne multiplierai pas le moins du monde la masse de ces produits.

Supposons un instant que tous les prêteurs hypothécaires aient été remboursés en billets ; ils ont leurs poches pleines de ces signes d'échange ; croyez-vous que l'agriculteur aura plus de crédit pour cela ?

Examinons, s'il vous plaît, la fonction du crédit.

Qu'est-ce que j'exige quand on me demande à emprunter mon argent ?

Deux choses :

1° Une garantie que mon capital me sera rendu à jour fixe ;

2° Un intérêt, le plus fort possible, pour ce capital.

Or, l'abondance de billets dans les mains des capitalistes changera-t-elle les conditions de garantie qu'offre le cultivateur ?

— Pas le moins du monde.

Cette véritable inondation de billets fera-t-elle baisser, par la concurrence, la valeur et par conséquent le loyer de l'argent ?

— Pas davantage. Et voici pourquoi :

Je vous demanderai, d'abord, la permission de faire une hypothèse, afin de simplifier la question.

Je suppose un pays où tous les produits accumulés se réduisent à trois sacs de blé, tout le capital circulant à trois écus. Les trois écus servant à échanger les trois sacs de blé, les trois sacs de blé ayant même poids et même valeur, par la force des choses, chaque sac vaudra un écu et pourra s'échanger contre un écu.

Maintenant, supposons que vous augmentiez par une émission de papier ou autrement le nombre des écus, et que vous le portiez à six, au lieu de trois, sans augmenter le nombre des sacs de blé.

Les cours s'équilibreront d'eux-mêmes, comme les eaux d'un fleuve débordé qui tendent toujours à prendre leur niveau.

Il y aura trois sacs et six écus ;

Chaque sac vaudra deux écus ;

Il faudra offrir deux écus pour obtenir un sac.

Jetez sur le marché de France cinq ou six milliards de papier-monnaie, quelque bon que vous le supposiez, quelque confiance que vous donniez au public, vous verrez ce qui arrivera.

Hélas ! ce que nos pères ont vu avant nous :

La quantité des produits ne s'accroissant pas proportionnellement avec le chiffre des signes d'échange, le signe d'échange s'avilira.

Le sac de blé vaudra deux écus.

On payera un déjeuner deux mille francs et on ne vous servira pas une côtelette de plus.

C'est toujours l'histoire des assignats.

Vous ferez décréter le cours forcé ? — Très-bien : — on vous vendra un chapeau 15 francs si vous offrez des écus ; dix mille francs si vous donnez des billets.

Le numéraire conservera sa valeur, parce que la production de l'or et de l'argent surtout a une limite forcée et qu'elle marche à peu de chose près parallèlement avec la formation des produits ;

Parce que l'or et l'argent sont, en définitive, eux-mêmes des produits et qu'ils représentent en même temps un travail accumulé ;

Tandis que vos billets ne représentent rien du tout, attendu que l'hypothèque n'est pas autre chose que la trace du passage d'une somme d'argent dans les mains du propriétaire ! Ce n'est point un capital, c'est l'ombre d'un capital ; ces billets représentent bien le sol, ou une portion du sol; mais le sol n'est pas un produit.

La houille qui gît dans les entrailles de la terre n'est pas non plus un produit ; elle ne devient produit que lorsqu'elle en a été extraite ; elle représente alors les salaires des ingénieurs, des mineurs, des charretiers, etc., et sa valeur d'échange est précisément basée sur la somme de travaux que son extraction a coûtée.

Vous pouvez mobiliser et représenter par des billets la houille que contiennent vos magasins.

Personne n'a jamais songé à mobiliser les filons de houille que contient la terre.

L'hypothèque de mille francs sur une propriété constate uniquement le passage entre les mains d'un propriétaire, ainsi que je viens de le dire, d'un capital de mille francs, représentant une certaine accumulation de produits : ce capital a changé momentanément de maître, et l'emprunteur paye un loyer pour indemniser le prêteur de la privation qu'il subit.

Mais ce loyer, cet intérêt n'est pas payé par le sol, il est payé par les produits du sol.

Supposons qu'un fait quelconque empêche absolument de cultiver les champs, le propriétaire hypothéqué se trouvera dans l'impossibilité de payer l'intérêt.

—Il vendra son champ, direz-vous.

— Mais qui achètera un champ qu'on ne peut travailler, qui ne produit rien ? Personne.

Tandis que si l'emprunteur possède un tas de houille, — qu'il vende son tas de houille ou qu'il ne le vende pas, — il lui sera toujours possible de payer l'intérêt en diminuant le lot de quelques hectolitres.

Voilà ce que méconnaissent les promoteurs du papier-monnaie.

Cependant il faut distinguer.

Quand je critique la multiplication des signes d'échange, je n'entends point parler de la mobilisation de la propriété sous forme de *lettres de gage*.

La lettre de gage est un mode de placement facile, rapide et sûr. C'est l'hypothèque au porteur. La lettre de gage est l'analogue du titre d'action des sociétés anonymes, plus la sécurité que donne l'immobilité du sol.

Mais la lettre de gage, les titres d'action, pas plus que la lettre de change ou le billet à ordre, ne sont des signes d'échange. Ils en servent quelquefois, exceptionnellement, mais l'échange n'est pas leur fonction. Ce sont plutôt des instruments de crédit qui sont employés à obtenir du numéraire. On n'échange pas directement les marchandises ou les services contre des titres d'action, mais on échange les titres d'action contre de l'argent et l'argent contre les marchandises ou les services. Ces valeurs sont variables selon les événements et quelquefois selon les caprices du jour. La valeur du signe d'échange ne doit jamais varier, car ses variations exposent les populations à de terribles souffrances.

Je ne m'occupe donc ici que du signe d'échange, et je ne critique même pas le papier-monnaie d'une manière absolue, quand ce papier représente, en définitive, des produits nouvellement créés ou dont la création est immédiate et lorsqu'il a sa raison d'être dans l'insuffisance des métaux. Qu'on me donne un billet de la

Banque de France ou cinq louis, c'est exactement la même chose.

Quand il n'y a pas assez de métal pour faciliter l'échange, on a recours au papier.

Malheureusement, rien n'est aussi facile que de se laisser entraîner à transformer par l'exagération un remède salutaire en un poison mortel.

L'opium à dose modérée est un remède.

L'opium à haute dose est un poison.

Donc, ce n'est point sur la création immodérée d'un papier que vous pouvez fonder le crédit agricole.

Le crédit agricole, vous le trouverez dans la mobilisation des produits du sol, et non dans la mobilisation du sol.

Vous le trouverez non pas dans la multiplication inconsidérée des signes d'échange, mais dans la multiplication intelligente des produits.

Faites que le cultivateur puisse, comme l'industriel, comme le négociant, emprunter sur les produits aussitôt qu'ils sont réalisés;

Faites que la terre, rationnellement cultivée, rapporte un intérêt suffisant,

Et vous aurez réalisé le problème du crédit agricole,

Non pas sans numéraire,

Mais avec le numéraire qui va aujourd'hui chercher, dans des spéculations hasardeuses, un salaire meilleur.

Malheureusement tout cela serait trop facile, et nous sommes comme les beaux joueurs de billard, nous aimons à « chercher la difficulté. »

CHAPITRE VII

LES DEUX CAPITAUX.

Étudier, c'est apprendre à distinguer.

Pour un Européen fraîchement débarqué aux colonies, tous les nègres se ressemblent;

Pour un Parisien, tous les moutons d'un troupeau sont absolument identiques.

L'un et l'autre ne voient dans l'individu que le type de l'espèce; ils ne distinguent que plus tard les races et les variétés.

Cette confusion peut devenir la source d'une foule de mécomptes, d'une foule d'erreurs. Mais les erreurs et les mécomptes ont une portée bien plus grande lorsque la confusion s'applique non plus à des individus, mais à des choses ou à des faits.

Pourquoi dit-on que l'industrie agricole n'est pas une véritable industrie, ce qui est tout simplement un non-sens? parce qu'on s'imagine que l'agriculture est une chose à part, qu'elle ne donne que des bénéfices très-limités.

Pourquoi calomnie-t-on ainsi l'agriculture? parce

qu'on confond dans l'exploitation du sol deux faits parfaitement distincts : la propriété agricole et l'industrie agricole.

Si on dit : « Un propriétaire n'est pas un industriel, » on dit une chose parfaitement vraie.

Si on dit : « Un agriculteur n'est pas un industriel, » on dit une sottise.

Il faut donc distinguer le propriétaire de l'agriculteur, que ces deux qualités se divisent sur deux individus différents ou qu'elles se confondent dans une seule et même personne.

Si nous avons deux individualités bien distinctes, le propriétaire et l'agriculteur, nous aurons la propriété agricole et l'industrie agricole, le capital-propriété et le capital-exploitation.

C'est la confusion de ces deux capitaux qui nuit tant à l'agriculture et est cause que les capitalistes la délaissent.

J'achète une terre 100,000 francs. Je l'afferme à bail ou à titre de colonage; elle me rapporte environ 2,500 à 3,000 fr. ; mettons 3,000 fr., si elle est passablement cultivée et si je ne l'ai pas payée trop cher. Ce placement, au *cours moyen* de l'argent (je ne dis pas au *taux légal*, qui est une fiction destinée à représenter le *cours moyen*), ce placement représente un capital de 60,000 francs; c'est la valeur intrinsèque de ma propriété.

Mais j'ai donc donné 40,000 francs pour payer autre chose que la terre, instrument de production ! Qu'ai-je obtenu moyennant cette somme ? une ombre de droit seigneurial, un privilége inoffensif, qui, contrairement à ceux d'autrefois, ne blesse les intérêts ni la dignité de personne.

Je suis propriétaire !

Je suis seigneur suzerain du domaine que j'ai acheté.

La considération dont je jouissais s'est accrue de toute l'importance de la propriété acquise.

Je puis dire, *ma* terre, *mes* champs, *mes* prés, *mes* bois, *mon* château.

Mes métayers m'appellent leur *maître*.

Je suis donc un peu seigneur, de par le notaire et le receveur de l'enregistrement, et rien ne m'empêchait, il y a un an, d'ajouter à mon nom le nom de mon domaine, en les réunissant par une innocente particule.

Plus tard j'aurais supprimé l'un des deux noms, et ce n'eût pas été celui du domaine.

J'ai payé toutes ces jouissances 40,000 francs ; personne ne peut y trouver à reprendre. Chacun est libre de prendre son plaisir où il le trouve et de le payer cher, si cela lui plaît.

C'est une petite joie à laquelle se montrent également sensibles et l'humble paysan et le riche bourgeois.

Cela est si vrai que, si au lieu d'acheter la terre vous vous contentez de lui prêter votre argent, la sécurité pour le capital est la même ; elle est même plus grande, et pourtant cette terre paye votre argent plus cher.

La propriété ne rapporte que 3 pour cent ; tandis que le prêt hypothécaire rapporte 5 pour cent.

Mais vous n'êtes qu'un simple créancier, qu'un modeste et obscur rentier !

Vous n'êtes pas propriétaire !!!

La propriété est devenue un objet de luxe, elle coûte plus qu'elle ne vaut; comme il arrive pour tous les objet de luxe, on paye sa convenance.

Lorsque la société est émue, troublée par les révolutions, par les désastres commerciaux, le luxe pâlit (comme on dit) ; aussitôt le cours de la propriété baisse. On trouve à acheter des domaines qui rapportent jusqu'à 4 et 5 pour 100. Cela se comprend : on a juste le nécessaire, on ne songe point au superflu ; les ébranlements sociaux intimident les suzerains ambitieux.

Les terres ne produisent pas un sac de blé de plus, mais on achète moins cher le droit seigneurial de propriété.

Il faut donc complétement séparer le capital qui assure le droit de propriété du capital qui sert à l'exploitation de cette propriété.

Vous êtes mon propriétaire, vos 100,000 francs vous rapportent 3 pour 100;

Je suis votre fermier, votre fermier à long bail; j'apporte avec moi un capital d'amélioration et d'exploitation de 100,000 francs ; eh bien ! ces 100,000 francs, s'ils sont intelligemment dépensés, me feront au moins trois fois plus riche que vous.

Le capital qui vous rapporte 3,000 francs sans rien faire m'en rapportera 8 à 10,000 en travaillant.

Vous êtes un propriétaire, et je suis un industriel. Voilà toute la question.

La formule du fermage ou du colonage se réduit en

un contrat pur et simple d'association. Le propriétaire fournit la matière première et l'instrument : ce sont les champs, le cheptel ordinaire et quelques instruments primitifs ; le fermier ou le colon fournit le travail. L'un et l'autre sont à peu près également rémunérés. Dans le colonage on est censé partager les fruits. Le prix du fermage est basé sur une évaluation approximative de cette moitié de fruits.

Si le colon perçoit plus de la moitié des produits du domaine, c'est qu'il vole son maître. Cela se voit quelquefois, ou plutôt cela se fait quelquefois.

Si le fermier gagne une somme supérieure à l'évaluation de la moitié de ces fruits, c'est qu'il est intelligent et bon travailleur. Mais, sans capitaux, il ne dépasse que de très-peu cette moyenne de bénéfices.

Maintenant intervient, dans la culture du domaine, un nouvel élément.

Le fermier dispose d'un capital en argent ; c'est le capital d'exploitation, le capital industriel. Son premier soin est de contracter un long bail et de s'assurer une part sur la plus-value du domaine.

Alors, il fait du drainage, il achète des instruments perfectionnés, des machines nouvelles, des amendements, des engrais, des bestiaux. Il modifie les assolements, multiplie la production du sol par des labours mieux faits et plus nombreux, par des fumiers puissants, par des cultures rationnelles.

Il sait que 1,000 francs d'engrais achetés et répandus à propos peuvent augmenter de 1,500 francs le revenu brut d'un champ; bénéfice net: 800 francs; et il fume énergiquement.

Toute son étude se réduit à savoir et à pouvoir, sur un sol donné, dépenser beaucoup pour récolter davantage.

On ne fait rien avec rien.

Cet aphorisme paraît naïf, et pourtant que de gens s'imaginent pouvoir obtenir beaucoup avec rien du tout !

Si vous voulez avoir un jour des moissons dorées, ensemencez votre champ;

Si voulez avoir de beaux troupeaux, faites pousser du fourrage ;

Si vous voulez fumer votre champ, mettez-y de l'engrais ;

Si vous voulez prospérer, travaillez ;

Si vous voulez gagner de l'argent, ayez de l'argent.

On ne fait rien avec rien ;

On fait peu avec peu de chose ;

Avec beaucoup on fait beaucoup plus encore :

C'est là le secret de l'agriculture anglaise.

Les *Landlords* possèdent la terre et jouissent de ses priviléges.

Les *Gentlemen-farmers* ont le capital d'exploitation et grossissent leurs revenus.

Les uns ont les honneurs, les autres ont l'argent.

Les uns sont des propriétaires, les autres sont des industriels.

En Angleterre, la distinction des deux capitaux est parfaitement et nettement établie. Aussi vous n'entendez pas dire aux cultivateurs de ce pays que l'agriculture les ruine ; qu'il faut être riche pour cultiver sa terre ; que l'industrie agricole n'est point une industrie, et autres jolies choses semblables.

Dans ce pays essentiellement industriel, les capitaux vont à l'agriculture aussi naturellement qu'ils vont aux filatures de Manchester, aux coutelleries de Birmingham.

Les capitaux s'adressent aux industries qui les payent.

Or, ils sont aussi largement rétribués par l'agriculture que par toute autre industrie ; ils vont donc à l'agriculture comme ils iraient ailleurs. Ce n'est plus qu'une question d'opportunité et de convenance.

En France, c'est autre chose. Nous avons si bien confondu le capital-exploitation avec le capital-propriété, que l'argent s'est détourné de l'agriculture, dans la crainte de n'y pas trouver une rémunération suffisante. On a cru que cultiver une terre était la même chose qu'acheter une terre, qu'un cultivateur était un propriétaire, qu'un travailleur était un seigneur suzerain.

On peut bien être l'un et l'autre à la fois, être propriétaire et cultivateur en même temps, mais n'oublions pas que cette individualité est double, et qu'il ne faut jamais confondre l'argent que l'on emploie à acquérir un domaine avec l'argent que l'on consacre à la culture améliorante de ce domaine.

Le premier est un capital-propriété qui rapporte peu d'intérêt et beaucoup d'honneur ;

Le second est un capital d'exploitation qui rapporte beaucoup plus de revenu et chatouille un peu moins la vanité humaine.

Le propriétaire paye son droit de suzeraineté sur la terre qui le reconnaît pour maître ;

Le cultivateur reçoit de cette terre qu'il féconde une large rémunération de ses travaux.

L'un s'élève un petit autel dans son propre cœur ;

L'autre est glorifié par la société qu'il nourrit.

CHAPITRE VIII

COMPTABILITÉ AGRICOLE.

Ne vous effrayez pas, je n'ai point de chiffres à vous donner.

L'arithmétique inspire rarement un amour platonique, et les chiffres ne plaisent qu'à ceux qu'ils intéressent directement.

Nous ferons de la comptabilité sans chiffres.

Quand on parle de comptabilité, de tenue de livres aux agriculteurs, les uns se moquent de vous, — c'est le plus grand nombre, — les autres lèvent au ciel leurs bras découragés et se lamentent, avec une modestie exagérée, accusant le peu d'intelligence que Dieu leur a départi.

Et cependant la tenue des livres, même en partie double, ce n'est pas la mer à boire.

Le Code de commerce (art. 8 et 9) n'a pas cru attribuer une plus grande somme d'intelligence aux industriels et aux commerçants en exigeant d'eux une comptabilité régulière. Il impose la tenue d'un livre-journal où sont consignées toutes les opérations du commerçant, d'un livre des inventaires présentant l'état de tous les effets mobiliers et immobiliers du négociant, et de toutes les dettes actives et passives. Ces deux livres sont paraphés par l'autorité ; enfin, la loi ordonne aussi un livre de copie de lettres.

Tout individu créant des produits ou échangeant ces produits est strictement obligé de se conformer à ces prescriptions légales ; s'il ne le fait pas, il s'expose à des poursuites sérieuses, et, s'il n'est pas poursuivi, c'est que la loi n'est pas exécutée.

Mais la loi, consacrant la distinction illogique que nous avons si souvent signalée, a fait une exception pour les agriculteurs.

En effet, le fabricant qui produit du drap est un industriel ;

Mais le fabricant qui produit du blé n'est pas un industriel.

Le fabricant de drap qui vend son drap est un marchand de drap ;

Mais le fabricant de blé qui vend son blé n'est pas un marchand de blé.

L'agriculteur est donc un être tout à fait à part, qui fabrique et n'est pas fabricant, qui vend et n'est pas marchand.

J'admets pour le moment cette énormité, comme j'admets que la propriété littéraire n'est pas une propriété, et que le livre que je tire de mon cerveau n'équivaut pas aux bottes que fabrique mon bottier. Si mon bottier ne vend pas ses bottes, trente ans après sa mort elles appartiennent encore à ses enfants ;

trente ans après ma mort, mon livre appartiendra au public.

Mais si la loi n'astreint pas l'agriculteur à tenir des livres, il y est poussé par un sentiment plus fort que toutes les lois, par le sentiment de son intérêt privé.

Dans le vilain siècle où nous vivons, je crois peu aux gens qui s'imposent une obligation ennuyeuse ou pénible par pur amour de la justice et de la vérité.

Ce ne sera pas l'amour de l'art agricole qui décidera les cultivateurs négligents à tenir note de leurs opérations ; ils y seront poussés par un stimulant plus puissant que tout autre, par l'intérêt de leur propre fortune.

Quand on dit à un homme : « Vous ne savez pas ce que vous faites », on lui dit certainement quelque chose de fort désagréable : il a le droit de s'en fâcher. Quel est celui qui consentirait à avouer « qu'il ne sait pas ce qu'il fait ? »

Tout le monde a la prétention, plus ou moins justifiée, de n'agir qu'en connaissance de cause et d'avoir pour guide cette faculté suprême qu'on appelle la raison.

C'est la raison qui distingue l'homme de la bête.

Seul, l'agriculteur ne partage pas cet universel préjugé ; il ne se rend compte de rien ; « il ne sait pas ce qu'il fait. »

Il vend, achète, travaille, récolte, sans savoir s'il vend un produit plus cher qu'il ne lui coûte ; s'il travaille pour ses enfants, ou s'il travaille pour le roi de Prusse ; si telle culture l'enrichit, si telle culture le ruine.

L'industrie agricole, pour l'immense majorité des agriculteurs, est une œuvre d'instinct et de hasard : on entreprend une culture comme un poëte rencontre une rime.

Les routiniers se sauvent parce qu'ils consentent à végéter et à vivre de misère ;

Les novateurs se ruinent parce qu'ils se jettent aveuglément dans des innovations dont ils ne se rendent pas compte.

Un cultivateur sans comptabilité me fait l'effet d'un aveugle qui a perdu son caniche ; il se cogne à tous les obstacles, sans pouvoir retrouver son chemin.

Une comptabilité agricole se compose de deux parties bien distinctes : le livre-journal, les feuilles de journées relatant toutes les opérations de l'exploitation ; c'est l'ordre dans les travaux, la régularité dans les dépenses, la méthode dans les cultures.

Puis le grand-livre et la balance après inventaire, c'est-à-dire la carte de bataille du général en chef.

Les livres auxiliaires, compte de cultures, compte des animaux, compte de chaque champ, de chaque étable, etc.; ce sont des pavillons piqués sur la carte, qui indiquent la force et la position de chaque corps d'armée.

Un agriculteur, pas plus qu'un industriel, pas plus qu'un marchand, ne peut espérer faire ses affaires s'il ne sait se rendre compte de tous les détails de son exploitation.

Il y a pourtant des esprits forts qui ne croient pas aux arrêts infaillibles d'une bonne comptabilité. « J'ai fait le compte exact des opérations de mon colon, dit l'un d'eux, et il se solde par une perte sèche de 37 francs au bout de l'année. Eh bien, malgré la comptabilité, ce colon a fait de bonnes petites économies. »

— La chose est bien simple, cher Monsieur : votre colon a prélevé d'abord *ses bonnes petites économies,* et puis il a honnêtement partagé le reste avec vous.

Pourquoi le Code de commerce oblige-t-il les industriels et les négociants à tenir des livres? Ce n'est pas précisément pour contraindre ces messieurs à agir sagement et à gagner de l'argent; c'est surtout dans l'intérêt des tiers, entendez-vous?

On appelle les tiers le commanditaire, le bailleur de fonds, le créancier, le propriétaire, comme vous, par exemple, qui êtes le commanditaire de votre colon. Le législateur n'a pas voulu qu'une opération qui se solde en perte apparente pour les deux associés devînt une source occulte de bénéfices pour l'un d'eux.

Avec des livres tenus selon les vœux de la loi, la fraude est difficile, sinon impossible.

Demandez plutôt à un homme qui est peut-être unique en son genre en Europe, et qui est à coup sûr le premier comptable de Paris, M. Monginot.

M. Monginot est expert près les tribunaux. Laissez-lui glisser un regard investigateur dans une comptabilité, quelque vaste, quelque compliquée qu'elle soit : il vous dira tout de suite si vous avez affaire à un honnête homme, à un imbécile ou à un fripon.

M. Monginot est l'Orfila de la faillite.

Il a fait de la tenue de livres une science sérieuse,

complète, et il en a réuni les préceptes dans un livre qui s'intitule modestement : *Nouvelles Études sur la comptabilité commerciale, industrielle et agricole.* Ce livre est un traité précis, méthodique et clair, chose importante par-dessus toutes.

Avec M. Monginot, la tenue des livres cesse d'être un grimoire indéchiffrable pour le vulgaire profane. Il supprime ces énigmes inutiles : *marchandises à caisse, caisse à marchandises,* etc., qui signifient que le négociant se doit à lui-même les marchandises qui lui ont été livrées, et autres sottises de ce genre. Avec les mots *doit et avoir* pour les personnes, *recettes et payements* pour le numéraire, *entrées et sorties* pour les marchandises, etc., il dit ce qu'il veut dire, et le dit clairement.

« Les mots que tout le monde comprend sont toujours préférables à ceux qui ont besoin d'une explication. »

Vous souriez à cet axiome de M. Monginot? c'est une vérité à la façon de M. de la Palisse? Eh bien, M. Monginot, ne vous déplaise, est le premier qui, depuis 400 ans que les négociants ont des livres, ait songé à appliquer cette règle banale à la comptabilité commerciale.

Il faut lui savoir gré d'avoir été plus audacieux que les générations de comptables qui l'ont précédé.

C'est bien heureux que M. Monginot ait voulu écrire son livre pour tout le monde. Les agriculteurs, si revêches au progrès, auront un prétexte de moins à opposer aux conseils qu'on leur donne.

Peut-être, s'il leur arrive de mettre la main sur le livre de M. Monginot, finiront-ils par comprendre qu'il est bon de savoir ce que coûte un hectolitre de blé, afin de savoir si on doit le garder ou le vendre. Peut-être leur plaira-t-il d'apprendre qu'avec quelques chariots de fumier de plus et un peu de main-d'œuvre de moins on produit plus de blé à meilleur marché.

Qui sait !

Propageons tant que nous pourrons les bons livres, il se rencontrera peut-être un jour quelques agriculteurs courageux qui consentiront à gagner de l'argent en faisant de l'agriculture !

CHAPITRE IX

PROHIBITION ET PROTECTION.

§ 1. — Le Guano.

Le système des prohibitions est à peu près condamné par tout le monde. Il ne rencontre plus guère de défenseurs absolus que parmi les gens intéressés à la perpétuation de cet abus. Dans quelques années, lorsque la puissance de l'opinion publique aura fait disparaître les dernières barrières élevées par les protectionistes, on se demandera comment une aussi étrange théorie, condamnée par la science, par la raison et par les faits, a pu résister aussi longtemps.

La prohibition a pour but de protéger certaines industries nationales en chargeant d'impôts énormes les produits similaires provenant de l'étranger. Or, qu'arrive-t-il dans ce cas? on fait payer à la masse des consommateurs une prime pour faire vivre une industrie qui n'a pas sa raison d'être, puisqu'elle ne peut supporter la concurrence, ou qui vivrait parfaitement sans protection si l'aiguillon de l'émulation la contraignait à développer toute sa puissance.

Quelquefois, la prohibition s'applique à des produits

qui n'ont pas de similaires en France; alors, elle a pour prétexte de protéger la marine marchande, qui fournit, à un moment donné, la majeure partie de ses matelots à la marine militaire. La protection n'est pas plus efficace dans ce cas que dans l'autre : on prive les consommateurs de produits nécessaires, on réduit les échanges, et, par conséquent, on paralyse l'activité de la production nationale; on appauvrit tout le monde, sans avantage pour personne.

Mais lorsque la prohibition touche à l'industrie agricole, quand les impôts douaniers frappent les matières qui doivent fertiliser notre sol, multiplier la production alimentaire, augmenter la richesse nationale par la voie la plus directe, c'est alors que les abus du régime prohibitif frappent tous les esprits. On n'a pas besoin d'analyser le phénomène de la production, d'étudier le mécanisme quelquefois un peu compliqué des échanges, pour être convaincu.

Voici le guano, un des engrais les plus énergiques que nous connaissions; eh bien, pour protéger une vingtaine de navires qui font le commerce du guano, on prive la plus grande partie de la France de ce puissant élément de prospérité.

Le guano est une accumulation d'excréments ou de débris d'oiseaux déposés depuis des milliers d'années sur les rochers des côtes du Pérou et de la Bolivie. Il y a dans ces montagnes d'engrais de quoi féconder le sol de l'Europe pendant plusieurs siècles peut-être. Le guano du Pérou, qui est le plus riche, contient environ 30 pour 100 de matières organiques et de sels ammoniacaux, 25 pour 100 de phosphate de chaux et 15 pour 100 d'azote. Appliqué à la culture du froment, du maïs, de toutes les céréales en général, il produit des résultats merveilleux.

Il est parfaitement démontré que si l'emploi de cet engrais était répandu en France, dans certaines contrées, la fertilité du sol en serait presque doublée. Ainsi, des expériences comparatives, faites avec le plus grand soin dans plusieurs fermes-modèles, ont démontré, par des chiffres concluants, la puissance du guano. Un hectare de terre, cultivé sans guano, donnait 30 hectolitres de froment, ce qui est un assez beau rendement; en appliquant à un hectare de la même terre une quantité suffisante de guano (1,000 kil. à l'hectare), on obtenait plus de 52 hectolitres.

On doit remarquer que l'action du guano s'applique plus particulièrement à la culture du froment et du maïs, c'est-à-dire, aux denrées qui forment la base de l'alimentation publique.

Les années mauvaises sont celles où le froment et le maïs viennent à manquer. Tous les efforts des agriculteurs et du gouvernement sont dirigés vers une augmentation des produits en céréales. L'échelle mobile, cette ingénieuse machine, qui permet d'exporter le blé quand il vaut 15 fr., pour le racheter ensuite deux fois aussi cher quand la récolte vient à manquer, n'existe plus depuis trois ans, et on doit espérer qu'elle ne se relèvera pas de cette lourde chute. Il a été démontré, pour les céréales comme pour les bestiaux, que l'agriculture pouvait très-bien se passer des avantages sus-

pects du régime protecteur. Les blés entrent maintenant en franchise, qu'ils nous arrivent sur des vaisseaux
français ou sur des vaisseaux étrangers : le droit de
25 c. par hectolitre est un droit de douane insignifiant.

La nécessité nous a contraints d'abandonner, à
propos des céréales, le système de protection de la
marine marchande. Le pain pouvait manquer, et on a
été obligé d'admettre en franchise les arrivages sur navires étrangers. Est-ce que notre marine de commerce
est moins florissante depuis trois ans ? est-ce que
nous comptons un vaisseau de moins, un matelot de
moins ?

Or, on permet à la marine étrangère la libre importation du blé étranger, et on ne lui permet pas la libre
importation d'un engrais destiné à multiplier chez nous
la production du blé indigène. Ne vaudrait-il pas mieux
produire sur notre sol le blé que nous demandons à
l'Égypte, à l'Amérique, à la Russie? ne vaudrait-il pas
mieux procurer aux agriculteurs français les bénéfices
que nous donnons aux agriculteurs étrangers, aux
marchands étrangers, aux marins étrangers? Soyons
donc conséquents avec nous-mêmes; puisque nous
avons reconnu, avec raison, qu'il était de notre intérêt
de recevoir librement des grains de toutes mains, ne
grevons pas le guano qui doit faire pousser le blé sur
nos terres, par la seule raison que ce sont des étrangers qui nous l'apportent.

Il suffit de jeter un regard sur la répartition du guano
expédié du Pérou pendant l'année 1855 pour reconnaître les effets de la prohibition. Le chiffre s'en est élevé

à 405,782 tonnes de jauge, qui équivalent à 500,000
tonnes de 1,000 kil.

La répartition s'est ainsi établie :

Angleterre.	. .	281 701 tonnes de jauge.
États-Unis.	. .	64 203
Espagne.	. .	26,430
Ile-Maurice.	. .	18,193
France et ses co-		
lonies.	. .	13,901
Chine, etc.	. .	1,414

405,742 tonnes de jauge.

La France vient après l'Espagne, après l'île Maurice !
La France, qui tend à prendre rang parmi les premières
nations agricoles, est condamnée, par une législation
mal entendue, à suivre de loin un pays dont l'agriculture est la plus arriérée.

Il y a deux causes à cela : l'impôt d'abord.

Le guano qui vient des entrepôts d'Europe par *navires français* acquitte 24 fr. par tonne de 1,000 kilogr.
(double décime compris).

Le guano qui arrive par *navires étrangers* acquitte
36 fr.

Le guano venant directement des pays hors d'Europe
par navires français est seul exempt de droits.

Cet impôt équivaut à une prohibition.

La seconde cause tient à l'insuffisance de notre marine. Le guano infecte les navires. Le commerce en est
fait par des navires étrangers spécialement affectés à
ce transport ; nos armateurs s'en soucient peu. Qu'en

résulte-t-il? que le chiffre des demandes de guano ex-
cède de beaucoup le chiffre des importations, et que
les agriculteurs ne peuvent se procurer la quantité
d'engrais qui leur est nécessaire, voulussent-ils acquitter
le droit de 36 fr., car les commerçants étrangers, effrayés, à juste raison, par l'impôt prohibitif, n'osent
venir dans nos ports !

Si donc on veut aller au fond de la question, on arrive à cette conclusion : Les droits protecteurs sur le
guano ne protégent pas le moins du monde notre marine, qui se soucie fort peu de cette protection, ils nui-
sent à l'agriculture, à l'alimentation publique, à la
prospérité du pays, en prohibant l'entrée en France
d'un des engrais les plus puissants.

Or, en agriculture, l'engrais est tout. « Sans fumier,
il n'y a point de bonnes terres; avec du fumier, il n'y
en a point de mauvaises, » dit un proverbe. Comment
voulez-vous donc qu'on améliore les terres, si vous
ôtez les moyens de les fumer? Priver l'agriculture d'un
engrais, c'est paralyser par une seule mesure l'influence
salutaire de tous les encouragements que l'on accorde
depuis quelques années à la culture du sol.

Un grand nombre de conseils généraux viennent d'é-
mettre le vœu que l'impôt sur l'entrée du guano soit
absolument retiré. Quelques-uns ont répondu d'avance
à la seule objection que l'on puisse faire au retrait de
la mesure : la protection accordée à la marine marchande ; ce sont les conseils généraux de la Seine-Infé-
rieure, de la Gironde et des Bouches-du-Rhône, c'est-
à-dire les hommes les plus compétents en la matière

et les plus intéressés à défendre les intérêts de la marine marchande, s'ils avaient besoin d'être défendus dans cette circonstance. En demandant avec instance la libre introduction du guano, ces conseils généraux ont porté le dernier coup à une législation expirante ; ils ont détruit le dernier prétexte derrière lequel s'abritaient encore les partisans du régime des prohibitions.

§ 2. — Le Fer.

L'agriculture est la première de toutes les industries ; c'est chose bien convenue.

On consent enfin à lui restituer le rang qui lui appartient.

L'agriculture nourrit 36 millions de Français, elle occupe plus de 20 millions de travailleurs ; elle fournit les matières premières à la plupart des industries.

Tout le monde le reconnaît, mais cela ne suffit pas.

Les plus belles intentions ne valent pas un fait, et si les intentions sont favorables à l'agriculture, les faits sont contre elle.

Personne n'ignore que la première industrie du monde est peut-être la dernière dans la voie du progrès. Toutes les industries se sont perfectionnées, depuis une vingtaine d'années, avec une rapidité qui tient du prodige. Les capitaux, l'intelligence, la science et les gouvernements ont concentré leurs efforts pour les développer et les amener à leur maximum de production. On a même inventé, spécialement pour elles, le système de la protection, une des plus grandes énormités économiques que l'esprit illogique des nations ait jamais imaginées. Nous avons consenti à payer très-cher à nos fabricants les objets de consommation que nous aurions obtenus à très-bon marché de nos voisins ; l'idée paraît étrange ; mais il fallait *protéger* nos fabriques.

Il n'est pas probable que ces sacrifices aient beaucoup contribué au progrès de notre industrie, enfin nous les avons faits.

Quels sacrifices faisons-nous pour l'agriculture ?

Les circonstances aidant, on a essayé sur elle de nouvelles mesures. Elle a servi de sujet à des expériences économiques : *experimentum in animâ vili*. Le régime de la protection avait d'ardents détracteurs ; un grand nombre de bons esprits niaient l'efficacité de ce système et demandaient qu'on essayât un peu de la liberté des échanges. La crise alimentaire est venue joindre son influence aux arguments des économistes, et on a tenté de suspendre la protection agricole. On a ouvert les frontières aux blés étrangers, aux vins étrangers, aux bestiaux étrangers ; le pain, le vin ni la viande n'ont pas baissé de valeur. La consommation a augmenté, voilà tout.

Cette protection de l'agriculture ne la protégeait pas. Savez-vous quel rôle elle jouait, cette prohibition tant prônée ? Elle empêchait un certain nombre de Français de manger de la viande, du pain blanc et de boire

du vin; elle ne protégeait pas la production, elle en-
rayait la consommation.

Donc, depuis que l'agriculture française est moins
protégée, elle ne s'en trouve pas plus mal, et les
36 millions de Français qu'elle alimente s'en trouvent
beaucoup mieux.

Le régime protecteur n'existe plus pour nous, agriculteurs, et nous nous en passons; c'est très-bien;
mais nous désirerions qu'il n'existât pas contre nous.
Tâchons donc d'être logiques. Vous laissez les produits
agricoles étrangers venir faire concurrence aux produits agricoles français sur nos marchés; nous ne nous
en plaignons pas. L'agriculture n'y perd pas et l'aisance publique y gagne. Mais alors pourquoi imposer
à leur entrée les matières premières destinées à alimenter notre industrie, et que nous pouvons obtenir à
meilleur marché de l'étranger? Pourquoi paralyser notre production, en diminuant les chances que nous
pouvons avoir de l'accroître indéfiniment?

On veut que nous fassions du blé, et on empêche les
engrais de venir jusqu'à nous.

On veut que nous labourions la terre, et on impose
outre mesure le fer de nos charrues.

Tout cela n'est pas juste, tout cela n'est pas logique.
Le blé ne pousse pas sans engrais, la terre ne produit
pas sans labour.

Le conseil général de l'Hérault a résumé la situation
avec une netteté remarquable.

« Considérant, disait-il, que le régime protecteur a
cessé d'exister pour vingt millions de Français qui se

livraient à l'agriculture, et ne subsiste plus que contre eux et à leur grand détriment ;

« Émet le vœu :

« Que toutes les réductions de droits qui ont été décrétées à titre provisoire soient promptement rendues définitives et qu'il soit procédé à une révision de l'ensemble du tarif ;

« Que tous les droits perçus sur les marchandises françaises à la sortie soient supprimés, et que les formalités d'exportation soient simplifiées ;

« Que toutes les prohibitions commerciales à l'importation soient immédiatement abolies et remplacées par des droits convenablement pondérés ;

« Que les droits, pour la plupart excessifs, qui sont inscrits au tarif, soient ramenés au taux qui permettrait à la concurrence étrangère de stimuler l'industrie française, désormais assez forte pour profiter d'un semblable régime, au lieu d'en être fâcheusement affectée ;

« Que les droits dont sont grevées les matières premières de toute espèce soient abaissés graduellement, de manière à disparaître dans le délai d'un petit nombre d'années ;

« Qu'il soit procédé de même à l'égard des outils, machines et appareils qui sont les instruments de travail de l'agriculture, des manufactures, du commerce et de la navigation ;

« Et, notamment, que les droits sur les fers, les fontes brutes et les aciers en barres, reviennent le plus tôt

possible au point où ils étaient sous le règne de Napoléon Ier;

« Et que, dans les négociations diplomatiques qui
seront ouvertes pour assurer à l'industrie française une
juste réciprocité, des efforts particuliers soient consacrés à faire lever l'interdit qui avait été mis de toute
part, en Europe et au loin, sur les vins de France. »

Nous nous associons de tout notre cœur au vœu du
conseil général de l'Hérault, empreint d'un sentiment
vrai de la situation et d'une modération intelligente.

Pour bien saisir toute la portée de cette délibération,
en ce qui touche particulièrement l'agriculture, il faut
se rappeler ce que le fer payait à l'entrée sous le premier empire, ce qu'il payait il y a quatre ans, et ce
qu'il paye sous le régime de la nouvelle loi sur les
douanes, que la *Presse* a publiée dans son numéro du
25 septembre.

Sous Napoléon Ier, les droits d'importation du fer
étaient de 4 fr. 40 c. pour 100 kil. Pour les aciers, ils
étaient de 9 fr. 90 c.

Avant le décret du 22 novembre 1853, voici quel était
le tarif : les fers en barres payaient de 16 fr. 50 c. à 41 fr.
25 c. par 100 kil., selon la forme des barres et leur diamètre ; l'acier payait de 66 fr. à 111 fr. 25 c. par
100 kil., suivant qu'il était naturel ou fondu, transporté
par navires français ou étrangers.

Le décret du 22 novembre est entré dans la voie libérale de l'abaissement des tarifs ; mais la charge qui
pèse sur l'agriculture est encore très-lourde. Les fers
étrangers importés par navires français ou par terre

payent de 10 à 14 fr. par 100 kil., ce qui fait en moyenne 12 c. par kil. Par navires étrangers, les droits sont augmentés d'un 10°. L'acier importé par navires français paie 30 francs par 100 kil. Le tarif a été considérablement abaissé; mais cela fait encore le triple des droits fixés par le premier empire.

Les fers employés par l'agriculture valent environ 30 fr. les 100 kilogrammes pris aux forges françaises.

D'après M. le comte de Gasparin, les 100 kilogr. pourraient ne coûter que 20 fr., si les fers entraient en franchise. La protection de l'industrie métallurgique coûte donc à l'agriculture 33 0/0 sur le prix de revient du fer qui entre dans l'établissement de ses instruments.

Voici une industrie, la première du monde, — c'est toujours convenu, — qui est grevée de 33 0/0 sur une partie considérable de ses dépenses, pour le plus grand contentement de quelques maîtres de forges.

Maintenant, dans l'état actuel où elle se trouve, enrayée dans ses évolutions par mille causes diverses, voici, d'après des documents aussi exacts que possible, ce que l'agriculture consomme de fer tous les ans :

On évalue, en moyenne, la consommation de chaque année, dans une ferme, pour les charrettes, charrues, instruments, outils à main, ferrures des chevaux, constructions, etc., à 2 kilogr. 5 par hectare.

Pour les 26,500,000 hectares cultivés en France, on arrive au chiffre de 66,250,000 kilogr. de fer, que l'agriculture paie à raison de 30 fr. les 100 kilogr., au lieu de 20 fr. qu'elle devrait les payer; c'est donc une rente annuelle de 4,425,000 fr. que l'industrie agricole sert très-exactement à l'industrie métallurgique.

On avouera que si cet impôt protége l'industrie métallurgique, c'est un peu trop aux dépens de l'agriculture.

Mais le triste résultat de cette singulière protection ne se résout pas seulement en espèces sonnantes. Nous avons des conséquences plus déplorables encore à signaler.

Le cultivateur est, en général, assez rebelle aux innovations ; il a peur du progrès, parce qu'il ne le comprend pas ; les instruments perfectionnés lui inspirent la plus grande défiance ; il tourne autour des machines nouvelles avec la même appréhension que s'il s'agissait d'un animal étrange qui pourrait bien lui mordre les doigts. Une démonstration pratique l'a bientôt rassuré ; mais il s'élève aussitôt une nouvelle difficulté : le prix de revient. Or, il est parfaitement reconnu que les meilleurs instruments, les plus solides et en même temps les plus légers, les plus puissants et les plus faciles à manier, doivent être construits en fer. Mais si vous faites payer le fer 33 0/0 plus cher qu'il ne vaut en réalité, vous empêchez une foule de cultivateurs d'acheter de meilleurs instruments, de faire une meilleure culture et de produire une plus grande quantité de produits à un prix de revient moins élevé. C'est comme si vous éleviez une digue, de toute la hauteur de vos tarifs, pour empêcher le progrès de se répandre et de féconder le sol.

Supposons qu'une ordonnance ne permette de la-

bourer qu'avec des charrues dont le soc serait en or.
Il y aurait peut-être quelques propriétaires qui pourraient se donner le luxe de labourer ; l'immense majorité chercherait à tirer parti de son champ en répandant
sur la terre stérile quelques grains qui pousseraient à
la grâce de Dieu. La famine serait bientôt partout.

L'impôt qui nous fait payer le fer 33 0/0 plus cher
qu'il ne vaut produit, sur une moindre échelle, exactement le même effet. On ordonne aux cultivateurs de
labourer avec des socs au prix de 30 fr. les 100 kil.,
quand ils pourraient avoir les mêmes socs à 20 fr.

Il arrive alors que beaucoup de cultivateurs labourent peu ou labourent mal ; on laisse des jachères, le
sol est mal aéré, mal ameubli ; les défrichements sont
négligés, et la production ne tend plus à s'accroître
proportionnellement avec la consommation ; l'équilibre est rompu, et le malaise, la souffrance, la misère
pénètrent partout ; car l'agriculture n'est la première
industrie du monde que parce qu'elle occupe 20 millions de travailleurs et qu'elle alimente 36 millions de
Français.

CHAPITRE X

LES DISETTES.

---

§ 1. — L'Ensilage des blés.

La conservation des grains est un des problèmes agricoles les plus intéressants et les plus difficiles.

Les blés ne sont pas seulement exposés aux ravages de l'alucite et du charançon ; l'entassement dans les granges détermine fréquemment des fermentations alcooliques qui ou les détruisent complétement ou en altèrent la qualité.

L'ensilage des blés a été appliqué dans les siècles les plus reculés.

Les Romains, les Maures, les Espagnols, les Arabes mettaient leur blé dans des silos, c'est-à-dire dans des trous profonds, exempts d'humidité et dont la température était basse et à peu près uniforme. C'est là ce qu'on appelle l'ensilage.

Depuis les Romains et les Maures, on a vainement essayé de construire de nouveaux silos pour conserver les blés. On n'y réussissait jamais. Tantôt, comme a fait le général Dejean, on transformait en silo, une chambre hermétiquement fermée ; tantôt, comme a fait le génie militaire d'Alger, on bâtissait le silo à la surface du sol, en plein soleil, et on soumettait ainsi le grain à une température qui s'élevait quelquefois à 44 degrés. Dans toutes ces épreuves le blé se gâtait à peu près invariablement.

On s'est demandé :

Pourquoi les silos des Romains, des Maures, des Espagnols, des Arabes conservent-ils si bien le blé, quand les nôtres ne le conservent pas du tout?

La question devenait humiliante pour la science du dix-neuvième siècle.

M. Doyère, ancien professeur à l'institut agronomique de Versailles, s'est chargé de réhabiliter son siècle.

Je vais essayer de mettre les lecteurs au courant de ses curieux travaux.

M. Doyère a parfaitement réussi et ses succès intéressent tous les agriculteurs.

Le gouvernement l'a envoyé en Espagne et en Afrique étudier la construction des anciens silos, et voici quelles conclusions il a déduites de cette étude.

Partout où les conditions physiques qui empêchent ou modèrent les fermentations se trouvent remplie, les grains se conservent sous terre.

La conservation, quant à ses résultats et à sa durée, est en raison directe du plus ou moins de perfection avec laquelle ces conditions sont remplies.

Enfin, partout où la conservation souterraine n'a pas réussi, c'est parce que ces conditions manquaient.

La question a donc enfin été posée clairement, nettement et selon les données de la science.

Après avoir formulé le problème, M. Doyère en a cherché la solution dans son laboratoire. Il est arrivé à remarquer que dans les grains sains contenant moins de 16 0/0 d'eau, il ne se produit qu'une fermentation alcoolique excessivement faible. Si on les renferme en vase clos, cette fermentation s'arrête, du reste, après que l'oxygène, qui l'a déterminée primitivement, a disparu. Il ne se forme aucun autre produit acide que de l'acide carbonique ; l'amidon ni le gluten, contenus dans le blé, n'éprouvent aucune modification. C'est vers le chiffre de 16 0/0 ou un peu au delà que l'altération des grains commence à se produire.

Son activité croît avec les proportions d'eau.

Alors M. Doyère a été appelé à se poser cette question : Quelle est l'humidité naturelle des grains? En Espagne, où on laisse complétement mûrir le blé sur place, où on opère, sous les rayons d'un soleil brûlant, le dépiquage des gerbes étendues pendant vingt-quatre heures sur une aire immense, les grains ont de 8 à 12 0/0 d'eau. En Algérie, ils contiennent, en moyenne, 15 0/0 d'eau. Dans le midi de la France, ils représentent de 15 à 16 0/0 ; enfin, vers le nord et l'ouest, dans le Calvados, par exemple, on trouve dans les blés une humidité moyenne de 19,3 0/0.

C'est en partant de ces données que M. Doyère a organisé les essais de conservation des blés par l'ensilage, dont nous allons parler. Une société d'expérimentation, composée de MM. Péreire, Lavallée, directeur de l'École centrale ; le comte de Gramont, Fleury, médecin de l'empereur ; Clapeyron, Hervé-Mangon et Rhoné, ingénieurs ; Léonce de Lavergne (de l'Institut) et Lemonnier, secrétaire général du Crédit mobilier, a mis une somme de 30,000 fr. à la disposition de M. Doyère.

On a construit près d'Asnières, dans un terrain dépendant du chemin de fer de Rouen, un petit pavillon carré, assis sur une butte factice de 1 mètre 50 environ. Dans l'intérieur de ce pavillon se trouve l'ouverture de quatre silos d'une contenance de 50 hectolitres chacun. Deux autres silos sont placés extérieurement. Ils peuvent contenir, l'un 450 et l'autre 300 hectolitres de blé. Ces silos étaient encore vides. Les quatre premiers avaient été remplis en juillet 1855.

Je vais essayer de décrire le silo de 450 hectolitres, dans lequel je suis descendu.

Que l'on se figure une immense bouteille, construite en tôle de 1 millimètre 1/2 de diamètre et dont l'orifice est à fleur de terre. Cette bouteille est d'abord placée dans un trou. La tôle est recouverte intérieurement d'une couche de peinture. A l'extérieur, c'est-à-dire entre le sol et les parois de la bouteille, on coule une couche d'asphalte qui devient complétement adhérente à la tôle ; par-dessus cet asphalte est un revêtement de maçonnerie en béton maigre, qui comble exactement l'espace ménagé entre l'asphalte et le sol. Le blé contenu dans le silo se trouve ainsi enveloppé : 1° d'une tôle recouverte de peinture, 2° d'un premier revêtement en bitume, 3° enfin, d'un épais massif de maçonnerie en chaux hydraulique.

10.

Dans chaque silo plonge une sonde à l'aide de laquelle on peut retirer des échantillons de blé à toutes les époques et à toutes les profondeurs, afin de s'assurer de leur état de conservation. Un thermomètre baigne dans la masse du grain et en donne la température.

L'orifice de la bouteille ou du silo est clos hermétiquement par un couvercle en fonte calfeutré avec du suif par surcroît de précaution.

Le silo n° 1 avait été rempli le 16 juillet 1855 de blé du Cher séché et ramené à 60 degrés hygrométriques d'humidité (14 0/0 d'eau) ; il a été ouvert le 31 mars 1856, en présence d'une commission composée de M. le conseiller d'État Darricau, directeur général au ministère de la guerre ; de M. le capitaine d'Outrelaine, aide-de-camp du ministre ; de M. Duhamel, de l'Institut ; de MM. Poggiale, Clapeyron, Fleury et Rhoné. Ces messieurs ont pu constater que le blé était dans un état parfait de conservation. On ne remarquait aucun dégagement d'acide carbonique. Une bougie plongée dans le silo, qui n'avait pas été entièrement rempli, continuait de brûler sans aucune difficulté.

Le silo n° 2, rempli de blé séché et ramené à 66° d'humidité (14 0/0 d'eau), a offert identiquement le même résultat.

Le silo n° 3, rempli de blé du Cher, de qualité inférieure, non séché, attaqué par l'alucite, exhalant une odeur très-prononcée, présentant 77° d'humidité (17 0/0 d'eau), était destiné à la recherche d'une conservation limitée. Ce blé dégageait une quantité assez considérable d'acide carbonique pour éteindre subitement une bougie allumée présentée à son orifice. L'odeur était toujours prononcée, mais on ne remarquait aucune trace de fermentation.

Enfin, le quatrième silo avait été rempli de blé de Bordeaux de bonne qualité, mais ayant une odeur prononcée. Il avait été arrosé, après l'ensilage, avec 120 litres d'eau ; il offrait 83° d'humidité (19 0/0 d'eau), et était destiné à rechercher la conservation limitée, dans des conditions d'humidité extrême. Le blé exhalait toujours la même odeur mais sans aucun signe de fermentation.

Il résulte de ces quatre expériences que les blés desséchés à 13 et 14 0/0 d'eau ont été retrouvés au bout de neuf mois, dans un état parfait de conservation ; que les blés présentant une humidité supérieure à 14 0/0, déjà avariés avant l'ensilage, sont restés dans la même situation, sans amélioration, mais sans altération nouvelle.

Il ne s'agit pas dans l'ensilage des grains de la destruction de l'alucite ou du charançon ; c'est là un problème réservé. Les blés que l'on veut conserver doivent être sains et ramenés à un certain degré de dessiccation. Toute la question est donc d'empêcher la fermentation dans les amas de grains.

Ce que nous avons vu à Asnières nous fait penser que le problème est résolu, car s'il y a fermentation dans les blés, il y a élévation de température. Or, un système de thermomètres placés, au nombre de 9, soit dans les silos, soit dans le terrain autour des silos, à une

profondeur de 2 mètres, nous ont démontré que la
température du blé ensilé est constamment en équilibre,
à peu de chose près, selon l'exposition du terrain au
nord ou au sud, avec le sol qui enveloppe les silos.

Ainsi, le jour de notre visite, les thermomètres donnaient pour :

    Le silo n° 1, situé au sud du bâtiment.   9° 1.
    —   n° 2, même exposition. . . . 8° 3.
    —   n° 3, situé à l'est.   . . . . 8° 7.
    —   n° 4, situé au nord   . . . . 8° 4.

Les thermomètres placés en dehors du pavillon, plongés dans des trous de sonde, donnaient les résultats
suivants :

Thermomètre placé au sud. . . . . . . 9° 1
    —   à l'est.   . . . . 8° 6
    —   au nord-est. . . . . . . 8° 3
    —   au centre des bâtiments. . 8 6

Un cinquième thermomètre placé au nord, mais assez
près du grand silo vide, donnait 8° 7. Cette variation
s'explique par l'influence du silo vidé, dont la température tendait à s'équilibrer avec celle de l'atmosphère.

Si l'on compare la température du sol avec celle des
silos placés dans des situations identiques par rapport
à l'orientation générale du terrain, on voit que les blés
contenus dans ces silos ont des températures semblables, à un 10e près, différence absolument insignifiante.

Voilà ce que nous avons constaté par nous-même, ce

que la commission du ministère de la guerre a vu et constaté comme nous. Il y a certainement, dans les résultats de ces expériences, un fait important à reconnaître : c'est l'absence absolue de toute espèce de fermentation dans des blés qui ont passé près d'une année sous la terre.

Ces résultats ont décidé l'administration à s'associer à une expérience définitive. Le 30 avril, 800 hectolitres, provenant des approvisionnements de la guerre, ont été confiés aux deux silos restés vides, afin de faire un dernier essai entouré de toutes les garanties désirables.

J'ignore pendant combien de temps on compte laisser les grains dans les silos, mais il serait à désirer qu'on fît durer l'expérience le plus longtemps possible, afin de donner la plus grande certitude aux résultats obtenus.

Il reste une dernière question, qui ne pourra être définitivement tranchée que par l'application industrielle du procédé de l'ensilage de M. Doyère : c'est le prix de revient. Jusqu'à plus ample informé, nous donnerons les chiffres énoncés par M. Doyère dans son mémoire à l'Académie des sciences.

Un silo de 500 hectolitres revient à 1,407 fr., soit 2 fr. 81 c. par hectolitre. Un silo de 4,000 hectolitres revient à 6,967 fr., soit 1 fr. 74 c. par hectolitre. La durée du silo est à peu près indéfinie.

Le prix de revient du grenier Huart, quai de Billy, qui a brûlé en 1855, est de 44 fr. 20 c. par hectolitre. Mais nous devons ajouter que, dans le grenier de la Manutention, les blés étaient passés au tarare, et qu'on n'avait pas eu à leur faire subir un étuvage préalable pour les faire sécher.

Malgré cela, on voit, par les résultats des premières expériences et par ces chiffres provisoires, que ces études sont dignes du plus haut intérêt.

§ 2. — Le songe de Pharaon.

Pour conjurer les périls de l'avenir, il faut étudier les dangers du passé.

Cette réflexion, qui n'est pas neuve, m'est suggérée par un livre qu'a publié M. Briaune, un modeste cultivateur du Berri qui en remontrerait à beaucoup d'économistes.

M. Briaune a donné à son ouvrage un titre complexe : *Du prix des grains, du libre échange et des réserves ;* en quelque sorte le sommaire du livre. Le *prix des grains,* c'est la question posée ; le *libre échange,* c'est la partie critique ; les *réserves* constituent la solution que propose l'auteur.

On ne sait pas trop ce que le libre échange est venu faire ici, ni pourquoi M. Briaune s'est donné la peine de le terrasser.

Heureusement, la théorie essentiellement rationnelle du libre échange n'a pas besoin d'être défendue ici.

Quelque distance qu'il puisse y avoir entre certaines

idées économiques de M. Briaune et les miennes, cela ne m'empêchera pas de reconnaître que M. Briaune est un écrivain de grand mérite, à qui on doit des travaux sérieux. Il a le premier formulé, avec une netteté et une rigueur mathématiques, la corrélation intime qui lie les crises commerciales aux crises alimentaires. « Toute augmentation subite dans le prix de l'alimentation, disait-il en 1840, diminue d'autant la consommation des autres objets ; se nourrir d'abord, se vêtir ensuite, voilà la loi. Si le consommateur possède 3, que la nourriture lui coûte 1, les dépenses fixes 1, il lui restera 1 pour le vêtement et les objets de luxe ; que si la nourriture s'élève à 1 1/2 ou 2, les dépenses fixes étant les mêmes, il ne lui restera rien pour les objets manufacturés.

Quand le pain est cher, tout est cher.

Quand l'agriculture souffre, les autres industries s'en ressentent.

— Mais tout le monde sait cela, me direz-vous?

— Alors, tant mieux ; vous reconnaissez, par conséquent, qu'il faut s'occuper bien vite, pendant que le blé n'est pas cher, des moyens qui pourront empêcher que le blé ne nous manque l'année prochaine. Car cette denrée, si nécessaire à la vie de l'homme que son cours réglemente le cours de toutes les autres, est soumise à de singulières vicissitudes.

Quand la récolte manque, et que le blé renchérit, tous les consommateurs se lamentent parce que le pain est trop cher.

Quand la récolte est abondante et que le cours du

blé baisse d'une façon trop considérable, tous les producteurs se désolent, parce que le prix du blé est avili.

Les uns et les autres ont raison de se plaindre.

Tantôt le blé est trop cher, tantôt il ne l'est pas assez.

Ne serait-il pas possible d'éviter ces deux écueils et de maintenir le blé, le pain par conséquent, à un cours moyen à l'abri de ces oscillations désastreuses ?

Si vous voulez régler le cours du blé, vous objecte-t-on, commencez par régler les variations atmosphériques ; réglez la pluie et le soleil : faites le beau et le mauvais temps. Et encore vous auriez dans votre main le soleil et les nuages, que vous ne pourriez venir à bout de contenter tout le monde. Quand l'un demande du soleil, l'autre voudrait de la pluie. Avez-vous jamais rencontré deux cultivateurs qui soient d'accord ? Avez-vous jamais vu un seul agriculteur absolument satisfait du temps qu'il fait ?

Toutes ces choses sont très-jolies, et ces objections peuvent paraître suffisantes pour tranquilliser la conscience facile d'un chercheur paresseux ; mais M. Briaune n'est pas de ceux-là.

Les documents lui échappaient pour tirer des phénomènes météorologiques la loi des variations de l'atmosphère. Le ciel refusant de laisser pénétrer le secret de ses rigueurs et de ses caprices, M. Briaune a abaissé ses regards vers la terre, pour demander aux faits économiques de notre monde la lumière qui lui manquait, et cette lumière est venue.

Il a intrépidement fouillé les lois romaines, les cartulaires de Charlemagne et les chroniques du moyen âge, dégageant avec une sagacité remarquable la vérité des erreurs qui l'obscurcissaient, découvrant, rapprochant, commentant les lois, les usages et les chiffres, et tirant du chaos des documents divers, des énonciations nettes, claires et précises.

En somme, M. Briaune vous démontre que pendant des siècles le prix moyen de l'hectolitre de blé est demeuré entre 18 et 19 fr., malgré toutes les apparentes et rapides oscillations causées par des disettes terribles succédant à des années d'extrême abondance. Or, 18 à 19 fr., c'est à peu près le prix rémunérateur pour toute la France.

Quand le blé ne descend pas au-dessous de 18 fr. et quand il ne s'élève pas trop au-dessus de 19 fr., tous se sauvent, producteurs et consommateurs.

Donc nous produisons assez de blé, puisque la moyenne générale du prix du blé s'arrête à un taux normal.

Oui, mais quand la récolte est abondante, vous l'exportez à raison de 12 à 15 fr., pour le racheter 30 fr. lorsque la disette arrive.

« C'est la faute du libre échange, » dit M. Briaune.

C'est la faute de M. de Voltaire.

— « Alors, interdisons la sortie des blés, » lui répond-on.

— « Cela ne suffit pas, » ajoute notre confrère ; « il faut aussi faire des réserves de grains. »

M. Briaune a déduit d'une longue série d'observations une loi économique très-curieuse et que personne n'avait découverte avant lui.

Je me trompe, elle a été formulée dans la Bible ; mais depuis cette époque on n'avait point songé que le rêve de Pharaon et l'apologue de Joseph pussent passer à l'état de vérités économiques.

«Les sept vaches maigres qui mangent les sept vaches grasses, »

Si on étudie attentivement les prix moyens du blé, par année, depuis l'an 1693 jusqu'à l'an 1856, on peut, en y comprenant l'année 1860, diviser cette série par période de quatorze années. « Les années ainsi classées, dit M. Briaune, présentent, lorsque leur séparation est faite, une exacte égalité de récoltes bonnes et mauvaises. Voilà donc, à part les lacunes que laisse le défaut de mercuriales, près de deux siècles pendant lesquels le même fait se représente constamment, et toujours suivant la même initiale, sans qu'il soit possible de le retrouver en changeant le point de départ. En présence de faits aussi précis il faut donc reconnaître que le succès des récoltes dépend d'une fécondité atmosphérique dont la révolution s'opère en quatorze années et dont l'initiale doit être différente, suivant les différents climats. »

Le mal une fois bien étudié, le remède est facile.

Puisque nous produisons, moyennement, assez de blé, gardons le blé des bonnes années pour subvenir aux années mauvaises.

C'est ce que conseillent J.-B. Say et la plupart des économistes, c'est ce que recommande M. Briaune, c'est ce que nous avons conseillé nous-même quand nous avons parlé de l'échelle mobile et des silos de M. Doyère.

M. Briaune a deux manières de faire des réserves.

Se fondant sur le règlement de la boulangerie pari-sienne, qui oblige le boulanger à posséder un approvi-sionnement légal, notre confrère voudrait que la loi assimilât les meuniers aux boulangers, et que les meu-niers fussent tenus, comme les boulangers de Paris, à fournir un cautionnement en nature.

Mais cette réserve ne suffirait pas.

Il y aurait aussi la réserve à domicile. Ne pouvant exporter son blé, le propriétaire aurait intérêt à le gar-der chez lui pour attendre des jours meilleurs et des cours plus élevés. Mais les cultivateurs ont besoin d'argent ? Une modification légale ne pourrait-elle pas faciliter les prêts sur consignation à domicile ?.

Faire de la meunerie un monopole avec cautionne-ment, réserve légale et tout ce qui s'ensuit, cela ne nous sourit guère, et je crois que M. Briaune, qui est un éco-nomiste plein de sens, a fort bien senti l'insuffisance du palliatif, lorsqu'il est entré résolûment dans le vif de la question, ajoutant à l'impuissance de la réserve forcée, la réserve à domicile, la réserve librement pratiquée par les producteurs eux-mêmes.

C'est là que se trouve véritablement la solution du problème. On possède aujourd'hui ce qu'on n'avait pas autrefois, des moyens sûrs, économiques, de conserver le blé sans avoir à redouter aucune espèce d'altérations, aucune espèce de déchet. Une simple modification du Code suffit pour permettre au cultivateur d'emprunter sur sa marchandise sans avoir à la déplacer. Que reste-t-il donc à faire pour résoudre la question ?

Démontrer aux cultivateurs qu'il vaut mieux vendre son blé cher un peu plus tard que de le donner à vil prix tout de suite.

Que fait le négociant quand les cours baissent ?

Il garde sa marchandise et attend.

Le cultivateur n'est-il pas un négociant ? le blé n'est-il pas une marchandise ?

Donc, si le cours du blé s'avilit, que le cultivateur, comme le négociant, garde sa marchandise dans son magasin.

Le producteur s'en trouvera mieux, car il vendra son blé plus cher.

Et le consommateur n'aura plus à redouter les désastres périodiques des années de disette.

§ 3. — L'échelle mobile.

Laissez-moi vous dire d'abord ce qu'on entend par l'*échelle mobile.*

Vous avez peut-être vu dans un réservoir d'eau un flotteur, c'est-à-dire un cylindre creux, hermétiquement fermé, attaché à une tige qui bascule sur un pivot. Lorsque l'eau monte dans le bassin, un peu avant de déborder elle atteint le cylindre, le soulève, et, au moyen de la tige à bascule, ouvre une vanne par laquelle le trop plein d'eau s'écoule.

L'échelle mobile est quelque chose d'analogue.

Elle se compose de deux séries de droits d'entrée et

de droits de sortie qui marchent toujours en sens inverse l'un de l'autre.

Elle a pour but de protéger le commerce des blés.

Voici comment elle s'y prend pour atteindre ce but :

Lorsque la récolte est abondante en France et le blé à bas prix, les droits d'entrée s'élèvent rapidement, pour empêcher les blés étrangers, qui ne s'en soucient nullement, de faire concurrence aux nôtres, et les droits de sortie s'abaissent.

Lorsqu'au contraire le blé manque, les droits de sortie s'élèvent pour empêcher l'exportation, tandis que les droits d'entrée s'abaissent respectueusement pour engager les blés étrangers, qui n'en ont pas la moindre envie, à venir compléter notre approvisionnement.

La conséquence la plus claire de cet ingénieux système de bascule, c'est de gêner considérablement le commerce, sous prétexte de le protéger.

Supposez une mère trop tendre qui veut absolument mettre des lisières à un grand garçon de vingt ans.

Avec l'échelle mobile, ou plutôt malgré l'échelle mobile, qu'arrive-t-il ?

Nous exportons à 12 et 13 fr. l'hectolitre le blé que nous importons à 30 fr. quelques années plus tard.

On appelle cela faire du commerce : Acheter fort cher et vendre à bon marché.

« C'est un mal inévitable, » dit-on.— Nous allons bien voir. Pour mon compte, je déclare *à priori* que je ne crois pas aux maux inévitables. Il n'y a que la mort qui soit inévitable, et la mort est une transition, ce n'est pas un de nos maux.

Avec l'échelle mobile, nous posons ainsi la question à nos voisins.

« Quand j'aurai trop de blé, et que je ne saurai qu'en faire, je me ferai un véritable plaisir de vous l'offrir ; mais si j'ai peur d'en manquer et que vous soyez dans la même position que moi, je me hâte de fermer la porte de mon grenier, en vous invitant à m'envoyer, sur votre maigre provision, les quantités qui me manquent. »

Or, comme en Europe les récoltes sont en général bonnes ou mauvaises partout en même temps, il en résulte que quand le blé abonde chez nous, il y en a trop chez nos voisins, qui, dans ce cas, ne consentent à acheter nos céréales qu'à vil prix, dans l'espoir, rarement trompé, de nous les revendre très-cher un peu plus tard.

Quand la récolte manque chez nous, elle manque chez eux, et comme le blé est partout rare et cher, on ne cherche pas à grever le prix de revient de frais d'expédition, de transport, etc., pour le revendre à l'étranger.

Dans ces deux cas, à quoi sert l'échelle ? — A rien du tout.

Pardon, elle est bonne à une chose : à préoccuper l'esprit des négociants, à compromettre la sécurité nécessaire aux opérations à longue échéance, à paralyser enfin le commerce qu'elle veut protéger.

Elle joue le rôle de toutes les protections douanières.

Avant 1789, à l'entrée de chaque province il existait des péages que Turgot parvint à ébranler, sinon à faire entièrement disparaître. Ces péages faisaient l'office de l'Échelle mobile. Aux moindres pluies intempestives, aux premières rumeurs de disette, on fermait toutes les portes : « Chacun pour soi, chacun chez soi, » disait-on avec un rare bon sens ; et chacun mourait de faim chez soi.

« Dans certaines localités, disent les relations du temps, le blé était gaspillé, tandis que des villages de la province voisine, situés à deux lieues à peine, étaient en proie à la plus horrible famine. »

Il est vrai que chacun était chez soi.

Dans ce temps-là, la famine était une vraie loterie.

Aujourd'hui, il faut le reconnaître, la consommation du blé se régularise, grâce au progrès des esprits, grâce à la détermination qu'a prise le gouvernement dès le premier jour (il y a bien quatre ans) de coucher l'Échelle mobile par terre et de laisser librement entrer et sortir les céréales.

Quand le blé est rare, il est cher : on ne songe pas à le rendre plus cher encore et d'une vente plus difficile en le transportant au loin.

Quand il est abondant, il est à bas prix, et les blés étrangers se gardent bien de venir faire concurrence à des marchands qui ne font pas leurs frais.

Donc, si elle n'est pas nuisible, l'Échelle mobile est inutile, et le gouvernement fera bien de la laisser où elle est.

Le chat dort, ne le dérangeons pas.

Mais que l'Échelle mobile se retire ou disparaisse définitivement, cela ne résoudra pas la difficulté qui va s'offrir à nous.

Les cours du blé baissent, baissent tous les jours. La récolte dépasse une bonne ordinaire, qu'allons-nous faire de nos richesses? On ne peut pas dire que le surplus servira à faire oublier les privations des années précédentes : on ne mange pas deux fois plus à son dîner parce qu'on aura jeûné la veille.

Que va-t-on faire de tant de blé?

Le vendra-t-on à vil prix aux spéculateurs étrangers?

Le donnera-t-on à manger aux volailles, au bétail?

Si nous gaspillons notre fortune agricole cette année, qui nous assure que la disette ne reviendra pas frapper à notre porte l'année prochaine, l'année suivante, peut-être?

Tout nous dit qu'il faut prévoir l'avenir. Les proverbes, qui sont la sagesse des nations quand ils ne sont pas le contraire, nous engagent à garder une poire pour la soif.

Mais c'est cette poire qui est difficile à conserver!

On a écrit des volumes sur la conservation des blés, ce qui n'a pas empêché le blé de ne pas se conserver du tout: il s'échauffe, il germe, il est mangé par les charançons, par les alucites; il lui arrive une foule d'accidents qui ont pour résultat final d'en rendre la conservation trop dispendieuse, sinon impossible.

Les plus malins de ceux qui ont écrit sur cette question ont démontré, au point de vue économique, qu'il ne fallait pas conserver les blés, que c'était un mauvais calcul, une erreur, une absurdité. Ils donnaient à l'appui de leur opinion une foule d'excellentes raisons, seulement ils taisaient la bonne : *Opium facit dormire quia est in illo virtus dormitiva :* « Il ne faut pas conserver le blé parce qu'on *ne sait pas* le conserver. »

Prenez le premier négociant venu, et demandez-lui : « Qu'est-ce que vous faites quand la marchandise est à bas prix, si vous n'êtes pas à bout de ressource ? — Je la garde. »

Acheter la marchandise quand elle baisse et la revendre quand elle hausse, voilà tout le secret du commerce,

Et comme nous croyons que le commerce des blés est aussi un commerce, il en résulte qu'il faut garder le blé quand il baisse pour le revendre quand il hausse.

Toute la question, c'est de conserver intacte une marchandise aussi délicate.

Les Égyptiens conservaient leur blé ;

Les Romains conservaient leur blé ;

Les Maures conservaient leur blé ;

Les Arabes conservaient leur blé.

Pourquoi ne ferions-nous pas comme eux ?

On a bien trouvé le moyen de conserver le blé par des moyens coûteux, à l'aide de pelletages mécaniques, d'aération permanente ; mais tous ces moyens n'étaient guère pratiques dans une ferme, et c'est dans la ferme que le blé doit être conservé. Les grands magasins sont inutiles, dangereux et insuffisants.

Et d'ailleurs, si le blé est à vil prix, ne vaut-il pas mieux que le cultivateur le garde plutôt que de le vendre à perte à ceux qui le conserveront pour lui ?

Il fallait donc trouver, pour le fermier, un moyen de conservation simple, peu dispendieux et parfaitement sûr.

Le meilleur moyen est encore celui qu'employaient les Romains, les Maures et les Arabes, le *silo*.

Jusqu'ici, les essais de silos avaient échoué, parce qu'on n'avait pas deviné pourquoi ceux des anciens avaient réussi.

M. Doyère, professeur à l'ancien Institut agronomique de Versailles, après de grands travaux, de nombreuses expériences et de longs voyages en Espagne et en Afrique, a trouvé ce pourquoi.

On lui a donné pour cela la croix d'honneur, et il l'avait bien gagnée.

M. Doyère a reconnu que, partout où les conditions physiques qui empêchent ou modèrent les fermentations se trouvent remplies, les grains se conservent sous terre.

Pour qu'il n'y ait pas de fermentation, il faut que le blé contienne moins de 16 0/0 d'eau, et qu'il soit soumis à une température égale.

Quant aux insectes, deux grammes de sulfure de carbone ou de chloroforme par hectolitre les détruisent complétement.

M. Doyère a fait des essais en grand à Asnières (près Paris) et à Alger. J'ai assisté à l'ouverture des silos d'Asnières. Après un an, les grains étaient intacts ; ils ont été retrouvés kilogramme pour kilogramme, qualité pour qualité.

La recette de M. Doyère n'est pas un secret ; je l'ai exposée en commençant ce chapitre. —

Dans les silos de M. Doyère, le blé se conserve indéfiniment : cela paraît démontré à tous ceux qui ont suivi les expériences.

J. B. Say, qui recommande la conservation des blés pour les années où les céréales viennent à manquer, estime le déchet à 10 0/0, ce qui, avec l'intérêt de 5 0/0, grève chaque année le capital emmagasiné de 15 0/0.

Mais avec les silos la dépense est insignifiante. Le prix de revient du silo est de 3 fr. par hectolitre, au plus ; et le silo dure indéfiniment. Il n'y a donc qu'un chiffre insignifiant à mettre pour l'intérêt du capital engagé dans la fabrication du silo et l'amortissement de ce capital ; avec l'intérêt à 5 0/0, on aura 6 0/0 à peine.

Que l'on garde le blé 6 ans, 7 ans, cela fera au plus 50 0/0 avec l'intérêt composé.

Or, le blé, qui vaudra au moment de la mise en silo 14 fr. l'hectolitre, reviendra à 21 fr. 7 ans après.

Et pour cela, il faut supposer sept bonnes récoltes de suite, ce qui est presque inadmissible.

Un commerçant qui eût acheté du blé en 1851, alors qu'il valait en moyenne 14 fr. 48 c. l'hectolitre, et qui l'aurait revendu en 1855, où il a valu en moyenne 29 fr. 31 c., aurait fait, en quatre ans, convenez-en, une excellente affaire.

Il nous semble donc que, si on veut mettre à profit les sept vaches grasses pour ne pas être pris au dépourvu par les sept vaches maigres, il faut faire des silos et garder l'excédant des bonnes récoltes pour venir en aide aux mauvaises années.

C'est toujours la fable de la cigale et de la fourmi.

CHAPITRE XI

DE LA STATISTIQUE AGRICOLE.

« Il faut se méfier des statistiques et surtout des statisticiens. »

Ce précepte est dans toutes les bouches, et on l'a tant de fois répété, que je commence à n'y plus croire.

Il y a aussi « l'art de grouper les chiffres. » Mais cet art, dont on a fait grand bruit du temps que M. Thiers parlait et qu'on parlait de M. Thiers, n'a jamais servi qu'à tromper ceux qui voulaient bien ne pas y voir trop clair.

Si la statistique avait la prétention de nous apprendre combien en un jour on a mangé d'omelettes dans Paris, il nous serait difficile, je l'avoue, d'ajouter une foi complète à cette intéressante révélation ; mais si les travaux des statisticiens s'attachent à des faits sérieux, positifs, permanents ou périodiques, régulièrement constatés et faciles à vérifier sur des documents authentiques, on n'aura plus aucune bonne raison pour douter de leur sincérité.

Il y a statistique et statistique, comme il y a fagots et fagots.

J'ai sous la main un travail de statistique du meilleur aloi, d'où nous pourrons tirer de très-bons enseignements.

L'examen de ces chiffres est pour une nation, ce que l'étude des prodromes est pour une maladie.

Il faut consulter les chiffres comme on tâte le pouls.

M. Helluy-Delotz, l'auteur de cet intéressant travail, s'est livré à de longues et minutieuses recherches pour arriver à réunir, dans le cadre restreint de ses curieux tableaux, la substance de plusieurs millions de faits.

Son mérite ne se borne pas à l'art vulgaire de faire des additions et de calculer des moyennes; il possède, de plus, la faculté précieuse des rapprochements ingénieux qui font parler les chiffres de la même façon que les oracles et les somnambules.

Avec cette différence que les chiffres ne se trompent pas.

Le premier tableau comprend la situation générale du territoire de la France et l'état de ses produits bruts et annuels.

La superficie totale du sol français, après en avoir déduit l'étendue du terrain occupé par les villes, les villages, les routes, les rivières, etc., est de 50 millions d'hectares.

Sous le rapport de l'étendue, le sol se divise ainsi qu'il suit : on trouve 37 0/0 de terres labourées et ensemencées ; 43 0/0 de prés, de pâturages et de terrains vagues ; 20 0/0 de forêts ou de terrains plantés d'arbres.

Au point de vue de la valeur, voici les rapports proportionnels à 100. La première catégorie est représentée par 76, la deuxième par 17, la troisième par 7.

Tirons maintenant de ces rapports la signification qu'ils renferment.

Ils nous serviront à connaître et à juger la culture française. Nous avons 77 0/0 de terres labourées et ensemencées chaque année, ce qui représente 18 millions d'hectares environ. Sur ces 18 millions d'hectares il y a 76 0/0 de céréales, 10 de vignes et 14 de racines ou de plantes industrielles, telles que colza, chanvre, lin, œillette, etc. Vous pouvez voir tout de suite la disproportion énorme qui existe entre la culture des racines qui nourrissent les bestiaux et produisent le fumier et la culture des céréales, auxquelles ce fumier est indispensable.

Dans la culture perfectionnée, les plantes sarclées (racines, colza, maïs, etc.) s'intercalent entre les céréales, parce qu'elles ameublissent et nettoient le sol que les céréales ont laissé envahir par les mauvaises herbes.

Les prairies, pâturages et terrains vagues comprennent 21 millions d'hectares, qui se subdivisent ainsi :

Prairies naturelles, 19 0/0 ; prairies artificielles, 7 ; pâturages et jachères, 74.

Sur les 18 millions d'hectares de terres labourées et ensemencées, il y a 76 0/0 en céréales ;

Sur les 21 millions d'hectares de prairies et de terrains vagues, il y a 74 0/0 de pâturages et de jachères.

Le progrès agricole se reconnaît au développement donné aux prairies artificielles et à la culture des racines. Vous voyez que les céréales et les jachères absorbent la majeure partie de notre sol.

En céréales, on cultive d'immenses surfaces que l'on fume mal et qui produisent peu ; tandis qu'on devrait cultiver des surfaces plus restreintes, mais bien fumées, qui rapporteraient beaucoup. On récolterait plus de grain avec moins de semence et de travail.

Faut-il une preuve statistique à l'appui de cette vérité constatée par la pratique et par la science ? Écoutez M. Helluy :

« Malgré l'immensité des champs ensemencés, nous ne produisons pas la quantité de blé nécessaire à notre consommation. »

Voilà une assertion qui surprendra bien des gens. Elle est malheureusement appuyée sur des chiffres positifs.

De 1822 à 1846, la production a été en déficit sur la consommation d'une quantité totale d'environ 27 millions d'hectolitres, ou, en moyenne par année, un million d'hectolitres. De 1847 à 1851, l'excédant de la production sur la consommation a été d'environ 3 millions d'hectolitres, ou, en moyenne, par année, 600,000 hectolitres.

Si on fait la moyenne, par habitant, pour les trente années (de 1822 à 1851), on trouve un déficit annuel de 15/273 par habitant.

D'où il résulte que nous cultivons trop de céréales et que nous n'en produisons pas assez.

Si on divise la France en deux zones : la zone du Nord et la zone du Midi, la comparaison entre ces deux grandes fractions du pays établit que l'hectare de terre, dans le Nord, rapporte, en céréales, par exemple,

26 0/0 de plus que dans le Midi ; et, en pommes de terre, 40 0/0 de plus.

Mais, d'un autre côté, on doit remarquer que, pour l'ensemencement des céréales, le Nord emploie 28 0/0 de semences de plus, et, pour l'ensemencement des pommes de terre, 40 0/0.

Il existe donc une relation importante entre les quantités employées en semence et les quantités récoltées : si je sème 100 pour récolter 400, en semant 125, je récolterai 500. C'est à considérer.

Si la quantité et la qualité des semences entrent pour une bonne part dans la production des récoltes, le fumier est un des principaux éléments de succès.

« Avec du fumier, il n'y a pas de mauvaises terres ;

« Sans fumier, il n'y a pas de bonnes terres. »

C'est un aphorisme agricole que tout le monde répète, mais que peu de cultivateurs mettent à profit. Dans beaucoup de pays, on croit multiplier les produits en disséminant le fumier, et on fume mal. On fait du blé au lieu de faire des racines ou du fourrage, et on a peu de bestiaux et par conséquent peu d'engrais.

Nous aurons les quantités proportionnelles de fumier employé en connaissant les quantités de bestiaux nourris ; nous aurons le nombre de bestiaux par l'étendue des prairies artificielles. Eh bien ! la quantité de fourrages artificiels récoltés dans le Nord est de 77 0/0, quand, dans le Midi, il s'élève à peine à 23. La quantité des prairies naturelles donne un avantage à la zone du Nord, qui en a 52 0/0, contre 48 pour le Midi.

Les chiffres ont cela de bon, — quand ils sont exacts, —

c'est de détruire une foule de préjugés. Ce sont des arguments sans réplique, et l'erreur se dissipe devant eux comme le léger brouillard du matin sous les rayons étincelants d'un beau soleil.

Un des plus spirituels économistes de notre temps, enlevé, dans toute la force de son talent, à la science et à son pays, Frédéric Bastiat, faisait une guerre implacable aux mots. Et il avait bien raison : le sens commun n'a pas de plus terrible ennemi que les mots. C'est si commode d'avoir une phrase toute faite qui vous épargne la peine de penser et de chercher.

En France, un mot vaut un argument.

On entend dire chaque fois que l'année est mauvaise : « On n'a fait qu'une demi-récolte, un tiers, un quart de récolte. » Cela peut être vrai pour un champ plus maltraité que les autres ; mais vouloir appliquer cette locution à la moyenne générale de la récolte serait absurde. Beaucoup de gens le font cependant et s'effrayent d'un mal impossible.

La peur amène tout le monde sur le marché. On veut faire des provisions, et comme il est impossible de conduire sur un seul marché la consommation d'une année entière, la demande dépasse l'offre et les cours montent, montent, sans avoir aucune autre raison de monter que la peur, qui trouble la raison des malheureux consommateurs.

Consultez les tableaux de M. Helluy, il vous sera démontré par des renseignements d'une exactitude évidente que, dans les plus mauvaises années, lorsque le pain valait 60 et 70 centimes le kilogramme, le déficit n'a jamais dépassé 10 0/0.

Qui n'a entendu parler des accapareurs de blé, des bénéfices immenses réalisés par des capitalistes spéculant sur la misère publique? Le véritable accapareur, c'est tout le monde : c'est le consommateur effrayé qui veut doubler ses approvisionnements, c'est le propriétaire qui attend la hausse pour porter au marché.

Si tout le monde pouvait bien se dire qu'un dixième de récolte en moins représente un dixième de privation sur la ration de tous les jours ; que cette privation, chacun en subit sa part, ou à peu près, pendant les mauvaises années, et que les folles terreurs n'ont qu'un résultat, qui est de faire hausser artificiellement les cours, on ne payerait jamais le blé aussi cher qu'on le paye dans ces tristes moments.

Les consommateurs ne se hâteraient pas d'acheter et les détenteurs seraient obligés d'abaisser leurs prix.

On dit : « Ce sont les négociants qui accaparent le blé et l'empêchent de venir au marché. » Cela arrive peut-être dans certaines localités, mais c'est rare ; le blé est une marchandise encombrante, d'une conservation difficile, et pour exercer sur le marché une influence très-sensible, il faudrait disposer d'un capital énorme et d'un personnel immense.

Or, savez-vous quelle a été, pendant une période de trente années, la part prélevée par le commerce dans la vente des céréales? Dix-sept pour cent, pour faire face à tous les frais de transport, d'emmagasinement, aux déchets, aux pertes, etc.

Il est vrai que dans cette période, se trouvent deux révolutions, et qu'à l'époque de ces deux révolutions, les bénéfices du commerce ont considérablement baissé.

Était-ce parce que les récoltes avaient été bonnes et le blé abondant?

Était-ce parce que les détenteurs, moins rassurés, n'osaient pas attendre trop longtemps que la hausse se produisît?

Je n'en sais rien.

J'ai dit que l'agent le plus actif de la hausse était la peur du consommateur, qui craint toujours de voir le pain lui manquer.

M. Helluy nous démontre combien cette crainte est peu fondée.

Le déficit annuel des céréales est de 15/273 par habitant.

Faut-il compter sur l'importation pour combler ce déficit?

Pas le moins du monde. Pendant 30 années, la partie comblée par les importations n'a été que de 3/273 ; il est resté un déficit de 12/273.

On a subi des privations équivalant à 12/273 chaque année.

Le mal est venu, le mal nous a frappés, et nous n'en sommes guère plus malades. Effrayés ou rassurés, il aurait fallu subir les mêmes privations. Seulement, si nous avions regardé le mal en face, nous aurions payé la privation moins cher.

Loin de nous effrayer, cette impuissance de l'importation doit nous indiquer ce que nous avons à faire.

Il ne s'agit pas d'étendre la culture des céréales ; cela ne nous a guère réussi. Il faut, au contraire, resserrer cette production sur une surface plus restreinte et multiplier les produits par la concentration des efforts ;

Utiliser les places demeurées libres par des productions plus variées, qui ne soient pas soumises aux mêmes vicissitudes de température que les céréales et qui puissent remplacer le pain lorsque le pain devient trop cher ;

Multiplier la culture des racines et des plantes fourragères afin de multiplier le nombre des bestiaux. Quand on mange de la viande, on mange moins de pain, et l'homme n'en vaut que mieux.

Nous revenons ainsi toujours à ce cercle providentiel dans lequel se meut l'agriculture anglaise, et qui lui assure une supériorité incontestable.

Voilà ce que nous apprend une bonne statistique. Elle vient en aide à une bonne théorie et se confirme par ses propres résultats.

CHAPITRE XII

LE LABOURAGE A VAPEUR.

Il y a quelques années, la vapeur, après avoir révolutionné l'industrie, sur laquelle elle exerce aujourd'hui une domination absolue, s'est glissée sournoisement dans le domaine de l'agriculture.

Elle se faisait petite et n'affichait que de modestes prétentions. « Je n'ai point la folie, disait-elle, de m'im-
« miscer directement aux travaux de la terre, mais vous
« avez besoin d'un moteur pour vos machines. Les
« hommes s'abrutissent et s'étiolent à ce travail ingrat ;
« les chevaux s'y usent ; moi, je suis à peu près inusa-
« ble ; un peu de bois ou de charbon pour me chauffer,
« un peu d'huile dans mes rouages, je ferai plus de
« besogne que vos hommes de peine, que vos chevaux,
« et je dépenserai moins qu'eux. »

Les agriculteurs se laissèrent séduire à ces belles promesses. L'application de la vapeur aux travaux de la ferme fit merveille ; la puissance des machines fut doublée ; les ressources nouvelles créées par un moteur nouveau firent naître de nouvelles machines, et le travail agricole, transformé par cet agent irrésistible, prit une physionomie inattendue.

Sous cette influence, les conditions économiques de la production se sont profondément modifiées; la perfection du travail, la rapidité de l'exécution, firent pressentir de nouvelles entreprises de la part du formidable athlète qui avait pénétré dans le domaine agricole un peu malgré les agriculteurs.

Peu à peu l'emploi de la vapeur s'est étendu des grandes exploitations aux fermes plus modestes. Ceux qui n'ont pu acquérir une machine à vapeur, ont affermé son travail, pendant quelques heures, puis pendant quelques jours, au fur et à mesure que la facilité du travail augmentait les besoins. La machine locomobile à vapeur étendant ses bras puissants autour d'elle, multiplia la puissance des machines, s'empara des tarares, des trieurs, du petit moulin à farine de la ferme, coupa les racines, hacha la paille pour la nourriture du bétail. Quelques-uns utilisèrent ses poulies inutiles pour puiser de l'eau, pratiquer des irrigations, etc.

Mais, malgré tout le bruit qu'on faisait d'elle, la vapeur n'avait pu sortir du rôle primitif qu'elle s'était elle-même assigné. C'était un moteur, entièrement distinct des machines agricoles, un bras qu'on empruntait avec la plus grande prudence, prêt à le remplacer, si ses prétentions devenaient excessives, par un manége ou par le bras humain. Il n'y avait de commun entre la machine à vapeur et la machine agricole que la courroie de transmission qui les unissait temporairement l'une à l'autre.

Quelques fortes têtes agronomiques (qui sait si je n'étais pas du nombre) lui dirent comme Dieu dit au flot de l'Océan : « Tu n'iras pas plus loin ; *nec plus ultrà !* » Ce qui n'empêche pas l'Océan d'engloutir, à ses heures, quelques lambeaux de notre continent.

L'homme se débat contre les progrès du bien beaucoup plus énergiquement qu'il ne le ferait contre le mal ; c'est une vérité banale, mais aussi banale en agriculture qu'en morale.

La vapeur, que nous avions soigneusement renfermée dans le cercle étroit de sa fonction primitive, menace d'envahir notre domaine, et de quitter son rôle modeste de serviteur pour régner en souveraine sur l'universalité des travaux agricoles. Elle vient d'un seul coup d'escalader les plus hautes barrières : elle s'est faite charrue, elle s'est faite laboureur.

Je n'entends point parler de la charrue de M. Fowler, ni de celle de lord Willoughby, ni de la machine à drainer : la vapeur est encore là dans son rôle hypocrite de moteur. C'est bien une tentative suspecte, mais pourtant on ne pouvait trop se plaindre : la machine à vapeur n'avait pas, au fond, d'autre rôle que de tirer de loin une charrue glissant sur la surface du champ.

Aujourd'hui c'est bien autre chose. Elle a posé son pied d'airain sur le sol de la France en s'écriant, à son tour : « *Ego sum papa !* »

Je vous dénonce les auteurs de cette audacieuse tentative, ce sont MM. Barrat frères. Il n'y a plus maintenant ni moteurs, ni charrue, ni laboureurs ; il n'y a plus qu'une machine et son mécanicien.

La charrue de MM. Barrat consiste en une machine à vapeur portée sur quatre roues excessivement larges, pour empêcher que leur poids ne les fasse pénétrer dans le sol; à l'arrière de la machine sont neuf doubles pioches en acier, attachées à un solide bâtis, et mues par un mouvement de bielle. Quand la machine se met en marche, la même impulsion qui la fait marcher anime les pioches qui se lèvent et s'abaissent avec vigueur et rapidité.

Le jeu des pioches est très-intéressant. Il imite le travail de l'homme, mais avec une supériorité de force et de puissance incontestable. Dans chacun des neuf manches en fer sont emmanchées deux énormes houes à deux dents, en acier, distantes l'une de l'autre de quelques centimètres. Le mouvement de la pioche se décompose ainsi : elle s'abat d'abord sur le champ et pénètre verticalement dans la terre ; puis elle est retirée en avant avec une grande force, enfin elle se relève pour retomber aussitôt. Dans ce simple mouvement la motte de terre est tranchée à une profondeur de 35 à 40 centimètres, arrachée violemment et retournée sens dessus dessous après avoir été vigoureusement secouée.

Nous avons assisté au travail de la charrue à défricher de MM. Barrat dans le parc de Neuilly, il y a quelque temps. Nous étions avec des hommes parfaitement compétents : il n'y a eu qu'une seule voix pour admirer le travail fait par cette charrue. Les racines les plus vigoureuses étaient tranchées et ramenées à la surface du sol avec un grand nombre de cailloux qui se trouvaient dans l'épaisseur de la couche arable.

C'était, en vérité, un magnifique et imposant spectacle que l'aspect de cette machine puissante se promenant lentement dans les champs à défricher, traînant derrière elle un cortége de dix-huit pioches énormes qui mordaient la terre avec une sorte de fureur, et soulevaient leurs dents brillantes et acérées pour les plonger de nouveau dans les entrailles du sol.

Maintenant, je sais bien qu'on a fait à la charrue Barrat une foule d'objections ; mais toutes attestent indirectement l'excellence du principe. La machine à vapeur est trop lourde : on peut économiser beaucoup de force et faire un travail aussi profond avec une dépense moindre ; il y a des rouages inutiles, des simplifications à introduire ; des accidents partiels, comme le bris d'une pioche, le déboîtement d'un ajustage à éviter..... Tout cela c'est l'affaire du constructeur, qui fera de la machine d'essai de M. Barrat une machine industrielle ; ce qui nous intéressait dans cette expérience, c'était de savoir si la machine faisait un bon ouvrage : il n'y a pas une charrue qui puisse lutter avec elle ; si les organes étaient disposés de façon à faire, sans encombre, un travail continu, sérieux : tous ceux qui ont examiné la machine à ce point de vue sont pour l'affirmative.

Maintenant, il reste une dernière question : le prix de revient ? question capitale. Il n'est pas en ce moment, possible d'y répondre définitivement et péremptoirement. Il faut attendre que la machine industrielle soit faite et qu'elle ait fonctionné pendant un

13

certain temps dans les conditions ordinaires du travail des champs.

Alors seulement on pourra se prononcer en toute sécurité. Cependant, je dois dire que jusqu'ici, grâce à certaines simplifications de mécanisme faciles à trouver, les présomptions sont fortement en faveur du système de MM. Barrat; ces inventeurs paraissent avoir presque toutes les chances pour eux.

Il ne leur manquait qu'une seule chose peut-être pour pouvoir doter l'agriculture d'un agent destiné à révolutionner notre économie agricole : un peu d'argent pour achever leur entreprise.

Eh bien ! cette somme insignifiante, qui est peut-être destinée à transformer l'agriculture, a été trouvée ! C'est la France qui se charge de préparer des expériences concluantes pour le labourage à la vapeur.

En Angleterre, on eût trouvé deux capitalistes pour un.

En France on n'a pas même pu réunir une centaine d'actionnaires.

Nous attendons tout de l'initiative du gouvernement, et heureusement, cette initiative ne s'est pas longtemps fait attendre.

M. Trescat, l'habile sous-directeur du Conservatoire des Arts et Métiers, a été chargé par le gouvernement de faire construire une charrue à vapeur et d'apporter à MM. Barrat le puissant secours de sa science et de son talent.

Nous verrons donc bientôt la charrue à l'œuvre.

CHAPITRE XIII.

LE DRAINAGE ET LES INONDATIONS.

Les plus grands malheurs sont toujours bons à quelque chose.

On dirait que l'humanité a besoin d'être sollicitée par les maux qui l'affligent pour avancer dans la route du progrès.

Les désastres causés par l'inondation nous forcent à étudier et à approfondir des questions capitales, sur lesquelles notre esprit oublieux et frivole eût glissé longtemps encore sans les dures leçons que la nature s'est chargée de nous donner.

L'impression profonde produite par les immenses ravages de l'inondation de 1856 a aussitôt soulevé deux questions excessivement importantes.

C'est le drainage qui cause les inondations, ont dit les uns.

C'est le drainage qui nous sauvera des inondations, ont prétendu les autres.

Nous allons examiner ces deux thèses, essayer de

calmer des inquiétudes mal fondées et de tirer des faits quelque enseignement utile.

D'abord, il y a eu des inondations en 1846, avant qu'aucune tentative de drainage n'ait été faite ; puis, les pays inondés sont ceux où le drainage a fait le moins de progrès ; les comtés de l'Angleterre qui sont presque entièrement drainés ne sont jamais inondés.

En fait, il est positif que le petit nombre d'hectares drainés actuellement dans les bassins de la Loire, du Rhône et de la Gironde, les seuls qui aient sérieusement souffert des ravages de l'inondation, n'entrent que pour une part insignifiante dans le débordement de ces trois fleuves, si tant est qu'ils aient pu exercer une certaine influence sur les proportions qu'a prises le fléau.

Cependant, il est nécessaire, pour bien fixer les esprits sur ces questions, de se rendre un compte exact des effets du drainage au point de vue météorologique. Car il est certain qu'en creusant à 1 m. 20 c. des tranchées garnies de tuyaux pour faciliter l'écoulement des sources et des eaux pluviales, vous modifiez considérablement l'aménagement de ces eaux.

Dans les terrains à sous-sol perméable et que l'on ne draine pas, l'eau qui n'est pas absorbée par l'évaporation pénètre dans le sol et se perd dans les profondeurs de la terre.

Il n'y a pas à s'occuper de ces terrains-là.

Dans les terrains à sous-sol argileux, imperméable, quels sont les phénomènes qui se produisent avant et après le drainage ?

Avant le drainage, l'eau qui jaillit des sources, l'eau qui s'échappe des nuages se répandent sur le sol et pénètrent la couche supérieure. Si la pluie continue, comme la couche supérieure est bientôt saturée, et que l'imperméabilité du sous-sol empêche l'absorption par la terre, l'eau qui ne s'évapore pas s'accumule à la surface, cherche son niveau et se répand des hauteurs dans les vallées avec d'autant plus de rapidité et de persistance que la pluie est abondante et continue.

Ce phénomène se produit partout à peu près en même temps, si la pluie qui tombe partout a la même force et la même durée. De toutes parts, le trop-plein se dirige, selon les pentes, dans les vallées, grossit les rivières et les fleuves, pour se répandre ensuite dans les campagnes situées au niveau de ces rivières et de ces fleuves.

Supposons, maintenant, ces terrains imperméables drainés dans toute leur étendue, qu'arrivera-t-il?

L'eau du ciel pénètre peu à peu dans le sol par les tranchées rendues perméables pour se rendre dans les tuyaux souterrains. La surface du sol n'est jamais saturée; on n'a point à redouter, de ce côté-là, d'écoulements subits; le sol ne se ravine pas, la couche végétale n'est pas entraînée avec les eaux, dans les terrains inférieurs. L'infiltration de l'eau dans les tuyaux se fait avec une certaine lenteur, sans aucun dommage pour la couche végétale, quelle que soit la quantité d'eau tombée, quelle que soit la durée des averses. C'est là un premier avantage, un avantage important.

L'eau ne s'écoule pas follement à travers les champs et les prairies, recouvrant les prairies inférieures d'une couche de terre ou de sable enlevée aux champs supérieurs. Vous êtes en quelque sorte maître des premières évolutions de l'inondation. La partie perméable de la terre est considérablement augmentée par les tranchées de 1 m. 20 à 1 m. 50 de profondeur ; elle forme éponge et conserve une certaine quantité d'eau ; le surplus de l'eau qui s'écoule est emprisonné dans vos tuyaux ; vous savez où elle va : des tuyaux elle passe dans les collecteurs, des collecteurs elle se rend dans les ruisseaux ou dans les puits perdus, qui communiquent avec les profondeurs de la terre par une couche perméable. C'est à vous maintenant à prévoir et à agir ; c'est à vous de préparer par des canaux, par des saignées intelligemment exécutées l'écoulement du trop-plein des puits, si vous êtes obligé d'avoir recours à des puits ; c'est à vous d'élargir vos ruisseaux de décharge, si la disposition du terrain permet l'établissement de ces voies d'écoulement. Vous n'êtes jamais surpris, vous savez que l'eau va s'échapper de la bouche des collecteurs. A vous d'aviser aux moyens les plus sûrs pour la conduire aux principales rivières.

La question nous paraît maintenant bien posée. Nous savons où prendre notre ennemi ; notre affaire est de le conduire par des canaux d'irrigation prolongés, afin d'affaiblir ses forces, jusqu'au moment où il va se jeter dans les rivières ou dans les fleuves.

Le drainage par le système Keythorpe, qui consiste à conduire l'eau, à travers les couches imperméables, jusqu'à des couches inférieures perméables, de manière à multiplier ainsi les puits perdus, procure des avantages bien plus sensibles, puisqu'une grande partie de l'eau se perd dans les profondeurs de la terre avant d'arriver à l'orifice des collecteurs.

Une question se présente en ce moment. Ces eaux, précieusement recueillies, convenablement dirigées, vont former des affluents redoutables qui grossiront rapidement les rivières, car il n'y aura rien de perdu.

Je réponds : si la quantité de terre perméable, formant éponge et retenant nécessairement une quantité plus considérable d'eau, est augmentée par le drainage ; si le drainage vous a conduit à pouvoir aménager soigneusement les eaux qui découlent, vous aurez obtenu un résultat immense, vous aurez retardé l'arrivée des eaux surabondantes dans le lit des rivières. Or, pour les inondations, la question de temps est beaucoup, puisque les eaux, en s'écoulant vers la mer, tendent toujours à abaisser leur niveau.

Le temps gagné peut modérer les premiers effets des inondations, mais il n'empêchera pas la crue des eaux si la pluie dure longtemps et avec une force continue. L'État devrait faire alors, pour les rivières et les fleuves, ce que les propriétaires auront fait pour les ruisseaux artificiels produits par le drainage ; ce qu'on a déjà fait en Angleterre, en Écosse, en Irlande : approfondir et rectifier les lits des rivières, creuser des canaux de décharges, suivre enfin, toutes les indications que la science donne en pareil cas.

Nous sommes vraiment à une époque de barbarie, au point de vue de l'aménagement des eaux. On dépense des sommes énormes pour entretenir les routes, construire les chemins de fer, etc., et on laisse couler l'eau dans la rivière, sans plus s'en occuper ; si on avait employé depuis cinquante ans, à l'aménagement des cours d'eau, la dixième partie de ce qu'on dépense pour les autres voies de communication, la France aurait des centaines de canaux : une irrigation bien faite aurait enrichi des contrées entières, et les ravages des inondations seraient passés à l'état de légende.

Les civilisations antérieures se sont toutes sérieusement occupées des questions météorologiques. Nous retrouvons dans les ruines antiques des traces de travaux immenses qui n'avaient pas d'autre but que celui que nous voudrions atteindre.

Nous n'avons à peu près rien tenté pour éviter les inondations ; nous avons, au contraire, fait tout ce qu'il fallait pour les rendre plus fréquentes et plus terribles : je veux parler du déboisement des montagnes. Depuis une trentaine d'années, malgré les prophéties de la science, malgré les réclamations incessantes de quelques publicistes prévoyants, on a impitoyablement ravagé les bois des montagnes pour tâcher de mettre à profit, d'une autre manière, les quelques centimètres d'humus que la végétation y avait transportés, et que les premières fortes pluies entraînent avec elles dans les vallées. Le défrichement des montagnes boisées n'est, la plupart du temps, qu'un escompte usuraire. Les champs nouveaux donnent deux ou trois récoltes, mais ils sont bientôt ravinés par les pluies ; la couche de terre végétale, abandonnée à elle-même, diminue chaque jour, jusqu'au moment où, le tuf et le rocher venant à poindre, le laboureur est obligé d'abandonner un sol devenu stérile.

Or, l'eau qui tombe sur ces grandes surfaces dénudées ne pénètre point dans le sol ; elle glisse sur les pentes et se précipite dans les vallées, entraînant tout sur son passage. Voilà peut-être la cause première, la grande cause des inondations. Les montagnes boisées, au contraire, forment une éponge immense qui retient longtemps les eaux par les feuilles, par les branches, par les racines, par la terre végétale accumulée autour de ces racines, par les plantes rampantes, les herbes, les arbustes qui croissent au pied des arbres. L'évaporation se produisant sur une très-grande surface prend d'énormes proportions ; l'écoulement des eaux surabondantes est plus lent, plus régulier, et la masse de ces eaux est considérablement diminuée.

On dit que les petits ruisseaux font les grandes rivières. Toute la question du déboisement des montagnes est dans cette vérité de M. de la Palisse : multipliez par un chiffre indéfini les gouttes d'eau qu'absorbent en quelques heures ces milliards de feuilles, de tiges, de rugosités végétales de toutes sortes; et vous arriverez bientôt à former un torrent. Versez un litre d'eau sur une glace et un litre d'eau sur un tapis, et vous verrez quelle quantité relative vous trouverez sous la glace et sous le tapis. Toute la question du déboisement des montagnes est là.

Je ne sais pas si le problème des inondations presque tout entier ne s'y trouve pas aussi.

CHAPITRE XIV

On pourrait faire deux parts des calamités qui affligent l'humanité :

Les maux que nous attirons sur nous par notre faute ;

Les maux que nous pourrions éviter si nous voulions nous en donner la peine.

Je crois qu'après cela il ne reste plus grand'chose pour la fatalité.

La fatalité est la ressource des ignorants et des maladroits. On attribue au destin les accidents que l'on n'a pas su détourner.

La vie de l'humanité est une lutte incessante contre la fatalité. Chaque invention nouvelle, chaque procédé nouveau, chaque découverte, chaque machine, est une victoire remportée sur la fatalité, sur la destinée, sur la nature.

Jenner a vaincu la petite vérole ;

Franklin a vaincu la foudre et désarmé les dieux ;

Les ingénieurs italiens ont vaincu les inondations du

Pô ; pourquoi ne vaincrions-nous pas celles du Rhône et celles de la Loire ?

Partout, dans cette bataille pacifique et féconde de l'homme contre la nature, la victoire nous reste quand nous savons persévérer, quand nous savons vouloir.

Or nous ne voulons pas toujours.

Lorsqu'un malheur les frappe, la plupart des hommes aiment mieux se lamenter que de se guérir.

Voyez pour la vigne.

On a découvert un remède souverain, absolu, contre la maladie de la vigne, qui depuis cinq ans a ruiné des contrées entières. Croyez-vous que les vignerons, en apprenant cette heureuse nouvelle, se soient empressés d'appliquer à leurs ceps la panacée qui doit leur rendre leur ancienne fécondité ?

Pas le moins du monde.

Les novateurs, c'est-à-dire les fous, ont expérimenté le remède, et bien leur en a pris ; ils ont retrouvé, pour une dépense légère, leurs récoltes d'autrefois ; les sages se sont abstenus.

En France, les sages ce sont les plus nombreux ; ils ne croient pas à l'efficacité du soufrage ; ils espèrent que la maladie s'en ira comme elle est venue ; les plus sages entre tous les sages ont arraché leurs vignes. C'est encore une manière de guérir la maladie : tuer le malade.

Malgré l'incrédulité des uns, l'hostilité systématique des autres, l'apathie du plus grand nombre, le soufre a fait son chemin, mais seulement encore parmi les savants et les fous.

« Le soufrage revient trop cher, » disent les gens qui n'ont jamais acheté de soufre et qui seraient fort embarrassés pour dire le prix d'un kilogramme.

« L'application de cet agent est impossible, » disent ceux qui n'ont jamais essayé.

« Le vin doit sentir le soufre, » prétendent ceux qui ont bu cent fois sans s'en apercevoir du vin renfermé dans des barriques soufrées.

Les rares cultivateurs qui ont essayé le soufre d'après les conseils de M. Kyle, en Angleterre, et de M. Duchartre, à Paris, après les expériences en grand de MM. Gontier et Marès, s'en sont très-bien trouvés et ont continué ; mais ils ont eu jusqu'ici bien peu d'imitateurs !

Voici un propriétaire de l'Hérault dont la récolte a été sauvée par le soufrage et qui cherche à faire pénétrer la vérité dans l'esprit de ses voisins. Écoutez son histoire ; se croirait-on dans un siècle qui a cru devoir s'attribuer la dénomination prétentieuse de *siècle des lumières?*

Je cite textuellement le mémoire :

« M. Laforgue possède une petite vigne de 36 ares, enclavée au milieu du domaine de Saint-Martin, de la commune de Quarante (Hérault). On n'a pas soufré dans ce domaine ; la récolte a été presque nulle depuis trois ans, et la petite vigne entourée de ce vignoble infesté a toujours produit sa récolte ordinaire. En 1855, elle en a donné une magnifique : 49 hectolitres de beau vin, 135 litres par are.

« Un de ses voisins de terre n'avait pas vendangé une

vigne pendant trois ans ; il se décide à l'arracher, et il en avait déjà arraché une partie ; témoin de cette faute, M. Laforgue lui offre de soufrer la vigne pour son compte, à condition que ses frais lui seront remboursés s'il y a belle récolte ; sur ses instances on soufre cette vigne perdue et condamnée, elle donne aux vendanges un revenu énorme.

« Le sieur Barthez, agent rural de M. Laforgue, homme très-intelligent, acheta en 1851 une vigne d'un hectare, qu'il partagea avec son frère. Barthez a soufré sa moitié comme les vignes de son maître, il a toujours eu belle récolte ; son frère, qui s'est obstiné à ne pas soufrer, n'a pas vendangé sa moitié pendant trois ans. Quittant le pays, il vend en hiver 1854 sa moitié de vigne à Barthez ; celui-ci soufre également les deux moitiés en 1855 : plus de différence entre les deux portions. Le produit de l'hectare total fut de 42 hectolitres.

« On a déjà dit que des propriétaires de Quarante ont été lents à imiter leur habile compatriote ; mais peu à peu ils se sont rendus à l'évidence, et il est remarquable que chacun d'eux, en soufrant, a eu de belles récoltes sur les mêmes vignes qui ne produisaient rien auparavant ; en 1855, tous les propriétaires ont soufré, et ils ont eu de beaux produits. Un seul a persisté à ne pas vouloir faire comme les autres, M. Mouret, et c'est ici la preuve la plus incontestable de l'efficacité du soufrage ; pendant que tous les propriétaires de la commune ont eu bonne récolte, il n'a eu, lui, sur environ 20 hectares de vignes, que 42 hectolitres de vin, moins que la petite vigne d'un tiers d'hectare dont nous avons parlé plus haut !... On ne peut certes trouver de preuve plus concluante.

« M. Mouret, désormais convaincu, est un des plus ardents pour soufrer en 1856; comme il n'avait pu se procurer du soufre à temps, M. Laforgue s'est empressé de lui en céder pour ses premières opérations.

« Les récoltes de M. Laforgue de 1854 et 1855 ont été aussi bonnes que celles de 1852 et 1853. Il a vendangé, pendant ces quatre années funestes pour la vigne, comme il l'avait fait en 1851, avant l'invasion, et comme il espère bien le faire toujours, sauf sinistres accidentels et indépendants de l'oïdium. »

J' ne suis étonné que d'une chose, c'est qu'on n'ait pas lapidé M. Laforgue pour les services qu'il rendait au pays.

Jusqu'à ce jour, on avait encore une espèce de prétexte pour ne pas soufrer les vignes malades ; le remède n'avait pas encore reçu la consécration authentique, solennelle, d'un corps savant. La Société d'encouragement vient de donner par l'organe de M. Barral, rédacteur en chef du *Journal d'Agriculture pratique*, un certificat sans réplique au procédé du soufrage de la vigne. Le travail du savant rapporteur contient la description de la maladie, l'historique des divers remèdes qui ont été employés, et une conclusion scientifique et pratique en faveur de l'application du soufre.

Une somme considérable affectée par le gouvernement et par la Société à la solution de cette question a été distribuée aux inventeurs, aux promoteurs et aux principaux vulgarisateurs de la méthode du soufrage des vignes.

Aujourd'hui il n'y a plus à hésiter, et voici comment il faut s'y prendre pour appliquer le remède :

La fleur de soufre (soufre sublimé) n'est pas indispensable pour le traitement de la vigne; le soufre pulvérisé mécaniquement vaut tout autant ; il en faut le double, mais il coûte beaucoup moins cher.

On applique le soufre, soit avec une boîte à houppe ou à sablier en fer-blanc, soit avec un soufflet très-simple, inventé par M. Delavergne, et qui coûte 2 fr. 50. Ça n'est pas ruineux.

On compte cinq journées de femme et 50 kilogrammes de soufre pour chaque soufrage sur un hectare. Le prix du soufre est encore très-variable. On le paye de 25 à 50 fr. les 100 kilogrammes ; mais, si la consommation se régularise, il ne vaudra pas plus de 10 à 12 fr.

Il faut, au maximun, trois soufrages. Le premier soufrage se fait pendant la floraison ou en mai ; il est presque préventif. On doit faire le second soufrage vers la seconde moitié du mois de juin, lorsque l'oïdium apparaît de nouveau. Le troisième et dernier soufrage se fait en juillet et conduit les raisins jusqu'à la récolte à l'abri des atteintes de la maladie. Les raisins, guéris au moment de la véraison, n'ont plus rien à redouter de l'oïdium.

Il va sans dire que, si la maladie cède à la première application, il est inutile d'appliquer des remèdes à un malade déjà guéri.

Donc il est bien démontré aujourd'hui que nous aurons du vin si nous voulons, ou plutôt si messieurs les
vignerons consentent à ne plus se laisser ruiner. Nous
savons bien que c'est dur de se décider à récolter,
comme d'habitude, de nombreuses pièces de vin qui se
vendront plus cher qu'autrefois ; mais nous espérons
que les propriétaires de vignobles se sacrifieront par
pur patriotisme, et que l'année prochaine on soufrera
les vignes et on récoltera de bon vin sur toute la surface de la France vinicole.

CHAPITRE XV

LES RAVAGES DE LA GRÊLE.

Il n'y a de sécurité pour le cultivateur que lorsque son grain est vendu et livré.

Les autres industries n'ont à redouter que les crises commerciales provenant de la consommation ou de la concurrence.

L'industrie agricole est soumise aux variations de la température, aux gelées de l'hiver et aux chaleurs dé l'été, aux influences de la pluie et aux dangers du beau temps.

Le beau temps amène les orages, les orages laissent échapper la foudre qui incendie les granges pleines de gerbes, la grêle qui dévaste les champs à la veille des moissons.

Jusqu'ici, les blés ont eu un temps superbe ; mais la grêle, compagne habituelle du soleil, est venue ruiner les espérances de beaucoup de cultivateurs.

Que faire, quand ces malheurs viennent nous frapper?

Avant l'accident, les agriculteurs sages et prudents s'assurent. L'assurance, c'est l'association de tous pour

sauver quelques-uns. La grêle, l'incendie sont des accidents partiels, locaux, qui n'exercent, sur la production générale, qu'une influence à peine sensible,
même quand le fléau a pris les plus grands développe-
ments. La consommation ne s'en ressent pas, parce
que la liberté commerciale dont nous jouissons depuis
1789 équivaut à une assurance mutuelle entre les consommateurs.

A l'aide de l'assurance contre la grêle, le mal disparaît également pour les producteurs que le fléau a
frappés.

Mais, après l'accident, il s'agit de tirer le meilleur
parti possible des plantes dont le sol est jonché et du
sol qui les a portées.

Des cultivateurs de la Haute-Marne, dont les champs
ont été saccagés par la grêle, ont eu l'heureuse idée de
s'adresser à la Société centrale d'agriculture, par l'intermédiaire de M. Moll, pour demander à cette assemblée, composée des plus illustres agronomes du pays,
ce qu'il fallait faire afin de tirer le meilleur parti possible des terrains ravagés.

Séance tenante, la Société a nommé une commission
composée de MM. Barral, Baudement, Bella, Dailly,
Delafond, Moll et Payen ; cette commission s'est réunie
sur-le-champ et a fait son rapport une heure après, par
l'organe de M. Émile Baudement, rapporteur.

Trois questions avaient été posées :

1° Quel parti tirer des céréales que la grêle a frappées en détruisant toute espèce de récolte ?

2° Comment traiter les foins couchés et lacérés par la grêle?

3° Par quelles récoltes suppléer au manque de grains et de fourrages?

Quel parti tirer des céréales?

On croit, en général, que les fourrages atteints par la grêle et donnés en vert aux animaux peuvent devenir dangereux. C'est une erreur : la grêle ne communique aucune propriété fâcheuse aux plantes : elle les détériore et les prédispose à une décomposition plus ou moins rapide. Ces plantes décomposées, corrompues, peuvent être malsaines, mais les plantes brisées par la grêle ne le sont pas si on ne leur donne pas le temps de s'altérer.

Par conséquent, si les céréales n'ont perdu que leurs épis et sont restées saines, elles peuvent être consommées en vert, à moins qu'elles n'aient été salies par la vase, la terre, etc. Alors il faut, avant de les livrer aux bestiaux, les faire sécher et prendre quelques précautions dont nous parlerons tout à l'heure à propos des fourrages.

Si cependant elles sont assez altérées pour que ces précautions mêmes paraissent insuffisantes, il faut renoncer à les faire consommer par les bestiaux et s'en servir comme litière.

Si les récoltes de céréales sont tellement hachées, foulées, détériorées, qu'il ne soit pas possible de les couper sans de trop grandes difficultés, il faut en prendre tout de suite son parti, passer le rouleau et enfouir en vert. Ce sera un excellent engrais pour les ensemencements transitoires que la Société croit devoir recommander.

Comment doit-on traiter les foins atteints par la grêle?

Il faut les faucher et les donner en vert aux animaux; mais comme ils ont perdu quelques-unes des qualités qui les recommandent à l'appétit des bestiaux, il faut avoir soin de les saupoudrer avec du sel bien trituré. Le sel n'améliore pas les fourrages, mais il les rend plus appétissants, et l'on sait que le bétail hésite quelquefois à manger les fourrages verts, qui ne sont pas très-frais. La dose doit être de 250 grammes pour 100 kil. de foin supposé sec, dans l'état où on le rentre dans la grange.

Si les foins étaient assez altérés pour ne pouvoir être consommés en vert, il faudrait les faire sécher, les faire passer soit dans la machine à battre les céréales, soit sous le fléau, les hacher et les bluter, afin d'enlever les particules de limon ou de terre qui peuvent adhérer aux feuilles ou aux tiges, ainsi que les végétations cryptogamiques. Et même, dans cet état, il ne faut user de ce fourrage avarié qu'avec les plus grandes précautions et le mélanger avec de bon fourrage, mais dans de très-petites proportions.

Par quelles récoltes suppléer au manque de céréales et de fourrages?

Aussitôt que les céréales ou les fourrages sont enlevés, on laboure et on prépare la terre pour un ensemencement immédiat.

On sème une plante fourragère.

Celle qui réussit le mieux dans ces circonstances, c'est le sarrasin.

Les navets conviennent aussi, mais particulièrement dans les terres calcaires.

On peut aussi semer :

Les maïs hâtifs, dans les bonnes terres ;

Le millet, que l'on cultive dans l'Alsace, dans la Lorraine et dans les Vosges ;

La pomme de terre, qui ne sera pas de très-bonne qualité ;

La betterave, cultivée comme fourrage et comme racine. Il faut semer la betterave dru, afin de suppléer par la quantité des fanes et des petites racines à la grosseur de celles-ci. On fait tremper la graine ; on sème en poquets, et on a soin d'appuyer sur les graines avec le talon, de façon à ce qu'elles adhèrent bien à la terre. Les betteraves lèvent en quarante-huit heures. C'est la betterave-disette qu'il faut choisir de préférence. Le succès en est certain par un temps humide et chaud.

Le moutardon fournit aussi un très-bon fourrage, surtout s'il est mélangé au sarrasin.

Les mélanges des plantes fourragères sont très-recommandés ; ils sont plus appétissants pour les animaux, et la consommation en est plus profitable.

Tels sont les conseils que nous extrayons de l'intéressant rapport fait par M. Baudement au nom de la Société centrale d'agriculture. Il est urgent que ces conseils parviennent rapidement aux cultivateurs que le fléau a frappés ou peut frapper encore.

Dans de semblables malheurs il ne faut point perdre

un temps précieux à gémir sur l'inclémence du ciel ; il faut agir ; ce qui est perdu est perdu. Cherchons d'abord à réparer le mal, nous aurons tout le temps de pleurer après.

C'est généralement ce qu'on ne fait pas. Le cultivateur ruiné par l'orage se lamente et ne travaille pas ; il devrait, au contraire, trouver dans la grandeur du mal une force nouvelle pour le combattre et pour le vaincre.

L'agriculteur est un soldat qui monte à l'assaut ; il ne doit pas songer aux morts.

Nous lui dirons avec M. Baudement :

« Regardez devant vous et non derrière vous. »

CHAPITRE XVI

La logique consiste à conduire un raisonnement jusqu'à ses dernières limites, à tirer d'un principe toutes ses conséquences, à tenir enfin les choses pour ce qu'elles valent ; la logique est une forme de la justice.

Les individualités sont quelquefois logiques,

Les collectivités le sont rarement.

Aussi une large place est-elle réservée aux logiciens dans le domaine de la théorie.

Dans le royaume des faits, c'est autre chose.

L'humanité se contente toujours d'à peu près ; plus les à peu près s'éloignent de la vérité absolue, plus ils ont chance de régner et de gouverner.

Nous sommes de pauvres malades dont l'estomac débile ne peut supporter l'influence généreuse d'un bon vin pur ; nous y mettons de l'eau, tant d'eau qu'on a souvent bien de la peine à reconnaître la saveur primitive du liquide noyé.

Il y a pourtant des gens qui aiment le vin pur ; ceux-là on les traite de novateurs, d'utopistes, d'idéologues, jusqu'à ce que l'intelligente majorité, contrainte par la loi de nature, qui est le progrès, consente à laisser couler quelques litres d'eau de plus dans la rivière et à augmenter insensiblement la proportion de la liqueur de Bacchus.

Je veux dire que, la plupart du temps, les inventeurs, novateurs, utopistes, n'inventent rien du tout. Les esprits conservateurs, c'est-à-dire ceux qui ont la prétention de jouer dans les sociétés humaines le rôle ingrat du pendule, se servent de ces mots de novateurs, d'utopistes, pour épouvanter les timides et donner le change aux amis du progrès.

Les novateurs demandent tout simplement qu'on mette un peu moins d'eau dans leur vin ! Quelle révolution !

Prenons, si vous voulez, la question à l'ordre du jour, la question des assurances agricoles par l'État.

La première fois qu'on a parlé de cette institution, il y a une dizaine d'années, les aquatiques de toutes les nuances firent entendre un concours d'exclamations assez discordantes pour troubler les meilleurs esprits : « C'est du communisme, disaient les uns ; c'est du despotisme, disaient les autres ; c'est l'absorption de l'individu dans l'État ; c'est le sacrifice permanent des intérêts de la communauté aux intérêts privés de l'individu ; c'est du czarisme ; c'est de l'anarchie ! »

Ce n'était rien de tout cela : c'était purement et simplement de la logique,

Et je le prouve.

Le principe sur lequel reposent les assurances, dans

le sens le plus général du mot, peut se résumer ainsi :

Chacun pour tous, tous pour chacun.

Jusqu'à ce jour, on n'a appliqué qu'une partie de ce principe, et en introduisant dans la pratique un axiome qui joue le rôle de l'eau dans le vin, on a ajouté :

Chacun pour soi.

Or, qu'est-il arrivé ?

Des sociétés de capitalistes ou d'actionnaires ont garanti aux particuliers la conservation de la chose assurée moyennant une prime fixe.

En s'assurant, l'individu songeait à lui-même, et pas du tout à son prochain ; aussi il en est résulté que l'individu, agissant en vertu du principe : « Chacun pour soi, » payait sa sécurité beaucoup plus cher que s'il eût agi en vertu du principe : « Chacun pour tous, tous pour chacun. »

L'égoïsme portait ses fruits.

Quelques timides novateurs, frappés des bénéfices énormes que les assureurs prélevaient sur les assurés, ont imaginé les assurances mutuelles ; ils brûlaient, mais ils ne touchaient pas au but.

Les novateurs avaient compté sans l'humanité.

Le plus grand ennemi de l'homme, c'est lui-même.

Il se met toujours avec ses ennemis contre ses amis ; quand il agit autrement, c'est qu'il s'est trompé, et il se hâte, aussitôt qu'il s'aperçoit de son erreur, de détruire le bien qu'il a fait innocemment.

Si tous les intéressés se fussent hâtés d'abandonner les sociétés à primes fixes et de former une vaste société mutuelle, les primes eussent été considérablement amoindries et la sécurité de chacun eût augmenté en proportion de l'accroissement du chiffre des assurés. Loin de là, l'immense majorité des particuliers ne s'est pas assurée du tout; le reste a préféré, en général, les sociétés à primes fixes aux sociétés mutuelles et celles-ci, afin d'augmenter encore le discrédit dont elles commençaient à être frappées, se sont empressées de se fractionner à l'infini.

La société mutuelle, qui embrasse l'universalité des citoyens d'une nation, offre la plus grande somme de garantie pour la plus petite somme d'argent. Au contraire, la société mutuelle dont la base est restreinte fait payer très-cher une garantie qui peut devenir illusoire.

Supposez que tous les Français s'assurent pour toute espèce de risques, la prime à payer sera insignifiante pour chacun de nous;

Supposez que nous nous assurions mutuellement tous les deux; que nous formions une compagnie dont nous serions les seuls actionnaires, les seuls assurés. S'il arrive malheur à l'un de nous deux, l'autre sera probablement ruiné, à moins que le même coup ne nous ruine tous les deux.

Voilà toute la question.

Maintenant, voyons si le projet d'assurance par l'État, dont on parle beaucoup en ce moment, se rapproche de ce principe des vraies assurances : Chacun pour tous, tous pour chacun.

Je crois bien avoir lu tout ce qui a été récemment écrit sur cette question, tout ce qui a été proposé, et je crois que les réformateurs qui sont allés le plus loin se sont bornés à demander que l'État se fît assureur et que les primes fixes fussent perçues par les agents de l'autorité. Ils n'ont guère vu, dans cette transformation des assurances agricoles, que deux avantages : 1° une grande économie de frais d'administration, qui permettrait d'abaisser la prime ; 2° un accroissement de sécurité qui augmenterait le nombre des assurés.

La prime est fixe, par conséquent l'assuré sait, en signant sa police d'assurance, jusqu'à quel point il s'engage.

La sécurité de l'assuré est absolue, l'État devant solder au besoin les sinistres que la somme totale des primes annuelles ne pourrait pas couvrir.

L'État se borne à assurer les récoltes contre les trois risques qui ont fait jusqu'ici l'objet des assurances privées : la grêle et la gelée pour les récoltes, les maladies pour les animaux.

Si nous comparons les éléments de ce projet aux institutions qui existent déjà, nous pouvons constater un progrès ; mais il n'y a rien de nouveau : l'intervention de l'État n'est même pas une innovation. De tout temps l'État s'est cru obligé d'apporter un soulagement, malheureusement bien faible, à la détresse des cultivateurs que les trois fléaux que nous venons d'énumérer frappent chaque année.

Ordinairement l'État donne un secours. Dans le projet, il indemnise de la perte totale. Il y a donc extension du principe, pas autre chose.

Les sociétés mutuelles cherchaient à faire des prosélytes dans le cercle restreint de leur action ; la puissante voix de l'État invite tous les cultivateurs à concourir à l'œuvre de prévoyance.

Pourquoi ne pas aller jusqu'au bout, puisque nous paraissons nous être décidés à marcher? Le chemin n'est pas long et la route est facile. Soyons donc logiques quelques minutes de plus, et nous éviterons de nous montrer injustes.

Car pourquoi, moi, contribuable citadin, qui ne suis pas agriculteur et qui n'ai rien à perdre ni de la grêle, ni de la gelée, ni d'aucune épizootie, payerais-je pour indemniser le cultivateur qui aura perdu sa récolte ou son troupeau?

J'admets cependant que l'État secoure, au besoin avec nos propres deniers, les cultivateurs qui se seront assurés; mais les autres, que deviendront-ils? Continuera-t-on à les encourager dans leur coupable ou inintelligente abstention en leur accordant des secours facultatifs? aura-t-on le cœur de les abandonner dans la misère où leur ignorance et leur entêtement les auront plongés?

Du moment où l'État se charge d'indemniser toutes les pertes, pourquoi n'obligerait-on pas tous ceux qui sont susceptibles d'être indemnisés à prendre part à cette mutualité protectrice?

N'invoquez pas le principe de la liberté, il n'a que faire ici. Vous n'êtes pas libre de ne pas payer l'impôt qui est encore une assurance, car je ne vois aucune différence entre la prime et l'impôt.

Vous ne pouvez refuser l'impôt, car il n'est pas juste

que je paye pour vous les juges, les gendarmes, les routes, les canaux, etc.

Vous ne pouvez refuser la prime, car il n'est pas juste que je paye pour vous l'indemnité qui vous est attribuée pour vos récoltes perdues, pour votre maison brûlée.

Mais l'impôt me garantit tous les services que la société doit à l'individu;

La prime doit m'assurer contre toutes les pertes accidentelles qu'il ne dépend pas de moi d'éviter.

L'impôt assure la protection de ma personne, de ma propriété, de mon travail; il me procure des voies de communication, des moyens d'instruction, des monuments, etc.;

La prime doit m'assurer contre la mort, contre l'incendie, contre la grêle, contre la gelée, contre les inondations, contre les épizooties, etc.

L'impôt protége ma personne et ma propriété contre les entreprises des hommes;

La prime protégera ma personne et ma propriété contre les fléaux de la nature.

Je ne suis pas plus libre de me soustraire à l'une qu'à l'autre de ces deux protections; elles sont la conséquence logique de notre état social. Il faut ou s'y soumettre ou reprendre le chemin qui mène à la barbarie, à moins qu'on ne préfère rester en place, ce qui est plus sage et surtout moins fatigant.

CHAPITRE XVII

QUELQUES PRÉJUGÉS.

Pendant trois années consécutives, les récoltes ont à peu près manqué. Le cours du pain, de la viande et de toutes les denrées alimentaires a pris des proportions considérables. Aujourd'hui que les années mauvaises sont tombées dans l'abîme du passé, tâchons de ne point oublier nos souffrances et de chercher par avance un remède à des maux qu'il peut dépendre de nous d'éviter.

Quand le blé est cher, toutes les denrées qui servent à l'alimentation des hommes renchérissent, quelle que soit, d'ailleurs, l'abondance relative de ces produits. Quand il fait cher vivre, tout va mal : l'industrie, les arts, le commerce se ressentent des afflictions qui frappent l'agriculture.

Quand le pain est cher, on n'achète pas ; si on n'achète pas, on ne fabrique pas ; si on ne fabrique pas, on ne vend pas. C'est un cercle fatal dont il est impossible de sortir.

On se demande : Comment se fait-il qu'une hausse de

quelques centimes sur le prix du pain produise de si désastreux résultats? La raison en est toute simple.

L'immense majorité des consommateurs en France se compose de familles ou de personnes qui ont un revenu ou salaire au-dessous de 1,200 fr. par an. En temps ordinaire, la nourriture emporte plus des deux tiers du revenu. Où va cette somme? Directement à l'agriculture. Ce qui reste, le loyer payé, pour les meubles et les vêtements, etc., c'est-à-dire pour l'alimentation du commerce et de l'industrie, est déjà peu de chose. Supposons, ce qui arrive, que le prix de la nourriture subisse une hausse de 80 pour 100, 100 pour 100, je vous demande ce qu'il restera pour le loyer, pour les meubles, pour les vêtements, etc.!

Or, on peut parfaitement porter un habit six mois de plus, mettre une pièce au coude, conserver un vieux chapeau et se priver d'une foule d'objets utiles que nous offre le commerce et que l'industrie fabrique ; mais on ne peut se passer de manger, ni faire des économies sérieuses sur son estomac, surtout quand on a moins de 1,200 fr. pour tout revenu. Qu'arrive-t-il? Le blé, quoique très-cher, se vend toujours, mais l'industrie, mais le commerce voient les affaires se ralentir peu à peu, les ventes diminuer, la fabrication s'éteindre. L'ouvrier gagne moins, et le prix du pain augmente.

Les efforts du gouvernement, des administrations, des particuliers actifs tendent, je le sais bien, à amoindrir les effets d'un tel état de choses et réussissent à empêcher que le mal n'atteigne les dernières limites. Une abondante récolte suffit pour ramener les choses

à leur état normal, c'est-à-dire à rendre la vie suppor-
table ; mais une mauvaise année, et elles ne sont pas
rares, les années mauvaises, suffit pour tout mettre en
question. Donc il faudrait songer à prendre le mal
à sa source et à guérir la société malade en faisant
disparaître la cause du mal. *Sublatâ causâ, tollitur
effectus.*

« Il faut courir à l'agriculture comme on court à un
incendie, » écrivait dernièrement M. A. Karr, qui a le
bonheur rare d'avoir du bon sens et de l'esprit et de
donner à la saine vérité toute l'originalité et tout l'attrait d'un paradoxe. Oui, courons à l'agriculture, elle
seule peut guérir les maux qu'elle a bien involon-
tairement causés.

Il n'y a guère qu'un siècle qu'on a démontré, par la
science, par la logique et par les faits, que l'agriculture
est la source de toutes les richesses sociales, et il y avait
bien deux ou trois mille ans qu'on le disait et qu'on le
chantait. Eh bien ! aujourd'hui, on agit encore comme
si c'était un problème à démontrer.

La cherté des subsistances a réveillé l'attention bienveillante d'une foule de philanthropes et d'économistes
animés, du reste, des meilleures intentions du monde.
Remarquez que je ne donne pas au mot *économistes* le
sens sérieux qu'on lui attribue quand on veut désigner
les adeptes de la science créée par Quesnay et Adam
Smith, — je veux parler des inventeurs de la nourriture économique. — Notre langue n'a pas d'autre mot
pour désigner deux ordres de chercheurs qui n'ont entre
eux de commun qu'un but utile et généreux.

C'est la panification qui a tout naturellement attiré leur attention. On a inventé des pétrins mécaniques, des fours mécaniques qui diminuaient peu ou point le prix de revient et qui n'augmentaient pas du tout la masse consommable qui nous a fait défaut. Puis, on a imaginé d'introduire dans le pain d'autres éléments que le blé qui manquait. On a mélangé la farine de froment avec de la farine de riz, de pommes de terre, de sarrasin, de maïs, de haricots, de châtaignes, etc., mais rien de tout cela n'a réussi.

On oubliait malheureusement deux choses :

1° Que le blé est la base de l'alimentation ; les autres plantes et racines ne sont que des succédanées du blé et n'entrent dans la production que pour un chiffre relativement très-faible. Si le blé renchérit, le riz, les pommes de terre, le sarrasin, le maïs, etc., renchérissent aussi proportionnellement. Lorsqu'il y a déficit sensible sur le blé, il y a déficit sur la masse des objets consommables, et que vous mangiez les pommes de terre en robe de chambre ou sous forme de pain, le chiffre total de la masse n'en sera pas plus élevé pour cela. Si vous voulez être utiles à l'humanité, trouvez donc en dehors de la totalité des denrées qui nous alimentent, des substances assimilables qui viennent s'ajouter à la masse des substances alimentaires connues jusqu'à ce jour ; occupez-vous donc, si vous voulez, de la panification du plâtre et de la sciure de bois ; et si vous résolvez le problème, nous n'aurons plus qu'à nous incliner.

2° Que l'alimentation humaine exige une quantité

minimum de substance nutritive. Un homme consomme, je suppose, un kilogramme de pain par jour. Le kilogramme de pain représente la quantité de substance nutritive indispensable pour la réparation quotidienne de ses forces. Si, sous le même volume et le même poids, vous lui donnez par vos additions, une quantité assimilable moindre, cet homme sera obligé de manger 1 kilogramme 1/2, ce qui reviendra absolument au même, ou souffrira de la faim si son estomac ne peut absorber le volume nécessaire pour retrouver son minimum de parties nutritives. Incorporez 10, 20, 50 p. 0/0 de sciure de bois dans un kilogramme de pain de froment, croyez-vous que l'économie humaine s'y trompera, si les yeux se sont laissé prendre à l'égalité de poids et de volume? Donnez-nous donc tout de suite un kilogramme de pain fait avec de la sciure de bois, vous verrez ce qui adviendra. C'est l'histoire des poulets de carton du théâtre ; ils sont admirablement imités, mais ce sont des poulets de carton.

Autre affaire. Un homme très-estimable nous dit : Le pain est cher en France, nous mangeons trop de pain ; j'ai organisé, pour une centaine d'ouvriers de ma commune, les rations de riz cuit avec du porc salé d'Amérique. Ils se trouvent bien de ce régime, qui économise 50 0/0 sur la consommation du pain, et revient à très-bon marché.

En effet, le riz revient à 30 cent. le kilogramme et contient 96 pour cent de parties nutritives, plus que le froment lui-même. Le lard d'arrivage coûte beaucoup moins cher que le lard de France ; donc j'ai résolu le problème ; il ne reste plus qu'à en répandre la solution par tous les moyens dont la publicité dispose.

Il n'y a qu'une petite difficulté. La production du riz est très-limitée en France ; elle a même été interdite, à cause de l'insalubrité des rizières, par des ordonnances qui n'ont point, que je sache, été rapportées. La culture du riz exige des terrains humides, qu'il faut inonder fréquemment, et les miasmes qui se dégagent de ces terrains causent de graves maladies. Les arrivages n'en sont pas très-considérables. L'usage du riz est à peu près restreint, en France, aux potages et aux gâteaux. Si tout le monde se mettait à manger du riz, il monterait bientôt à un prix impossible.

Quant au lard d'Amérique, M. Gasparin (de Rouen) nous a dit, par l'intermédiaire du *Moniteur*, ce qu'il fallait en croire. A quantité égale, il contient moins de parties nutritives que le lard frais. — Cela tient aux procédés imparfaits de conservation appliqués jusqu'à ce jour. Aussi, un kilogramme de lard frais, coûtant 2 fr., je suppose, est au moins aussi nourrissant que 2 kil. de lard d'Amérique, revenant au même prix. C'est toujours l'histoire des poulets de carton et de la panification de la sciure de bois.

On connaît ce mot célèbre : « Ils manquent de pain, eh bien ! qu'ils mangent de la brioche. » Le mot n'a pas été dit, il a été fait ; mais il n'en est pas moins caractéristique. Nous manquons de pain, pourquoi ne mangerions-nous pas plus de viande et moins de pain ? Il est inutile de dire que le prix de la viande est encore entraîné par celui du pain. Tout le monde sait cela.

Les grandes discussions qu'a soulevées la taxe de la viande de boucherie de Paris, ont attiré vivement l'attention sur ce point.

Mais pourquoi ne mangerait-on pas de la viande de cheval? J'en ai mangé, de la viande de cheval : elle est excellente. M. Renault, l'intelligent directeur de l'école d'Alfort, avait convié quelques amis à un dîner qui a fait beaucoup de bruit, raconté par un spirituel confrère. Le héros de la fête avait eu vingt-trois ans : sa chair n'en était ni moins tendre, ni moins succulente. Mais ce charmant dîner n'a pas du tout résolu la question.

Un cheval exige, en moyenne, pour sa nourriture, 40 quintaux de fourrages et 36 hectolitres d'avoine, qui sont le produit de 330 ares. Sur la même étendue, on entretiendrait, à moindres frais, sept têtes de gros bétail. Nous empruntons ces chiffres à M. Royer, inspecteur d'agriculture. Ils tranchent la question, surtout si on considère que les services rendus par les chevaux tendent à diminuer de plus en plus, par le développement que prennent chaque jour les moteurs à vapeur.

Alors intervient, dans un but très-louable encore, l'acclimatation des animaux exotiques. Il ne faut pas s'abuser sur les résultats de l'acclimatation. C'est une excellente chose que de chercher à augmenter le nombre des races d'animaux domestiques. On peut, par ce moyen, utiliser quelques produits, apporter une variété heureuse dans la nourriture de l'homme et dans la production des matières agricoles, mais je ne crois pas qu'on augmente sensiblement la masse de la viande consommable.

Et voici pourquoi :

Nous admettons qu'en introduisant en France des races nouvelles, le nombre de ces animaux s'accroisse par l'attrait de la nouveauté, par l'espérance ou la certitude d'obtenir une chair plus délicate, des cuirs plus précieux, des laines de qualité supérieure ; mais vous n'augmenterez pas le nombre des animaux consommateurs, car par le fait seul de l'acclimatation, la masse des objets consommables ne s'accroîtra pas. Le pays produit chaque année une quantité moyenne de fourrages, de racines et de grains qui est absorbée par la quantité moyenne de têtes de bétail que le pays élève. On renoncera à l'élève du mouton pour l'élève de l'alpaga, au bœuf pour le chameau, à l'âne pour l'onagre, je le veux bien : mais la quantité totale de la viande consommable ne variera point. Un cultivateur n'augmente pas le nombre des vaches de son étable par pur caprice. Il consulte le chiffre des produits alimentaires de son domaine, et si la quantité des fourrages, des racines ou des grains, etc., s'accroît, il élève proportionnellement le nombre de ses bestiaux.

Là est véritablement le point capital de la question : dans l'accroissement des produits consommables pour le bétail. Augmentons progressivement la quantité de fourrages, de racines, etc., destinés à la consommation de nos bestiaux ; nous pourrons élever un plus grand nombre de bêtes acclimatées ou indigènes ; ces bêtes produiront plus de fumier ; avec ce surplus de fumier, nous obtiendrons l'année suivante plus de fourrages, plus de racines et *plus de blé* sur une surface égale, avec un travail à peu près égal. L'augmentation constante de la masse des fourrages, des racines, des pailles, etc., impliquera chaque année une augmentation proportionnelle dans la population de l'étable, et nous aurons trouvé le véritable joint du problème de la vie à bon marché, c'est-à-dire de la prospérité générale.

Tout se tient dans ce monde; si la masse des produits agricoles prend de grandes proportions, les denrées afflueront sur les marchés, les prix baisseront. Si, comme nous l'avons dit tout à l'heure, le cultivateur obtient sur une surface égale, avec un travail égal, une somme de produits supérieure, le prix de revient ne suivra pas la même progression que la production, tout au contraire, et en vendant beaucoup de produits à bon marché, il sera plus riche qu'en vendant peu de produits très-cher.

D'un autre côté, la vie devenant plus facile pour le consommateur, le consommateur achètera davantage au marchand, le marchand fera de plus grosses commandes à la fabrique, et la fabrique augmentera la quantité de ses produits.

Nous nous retrouvons donc à parcourir, mais en sens contraire, le cercle que nous avons décrit en commençant.

Si le blé est cher, on n'achète pas ; si on n'achète pas, on ne vend pas; si on ne vend pas, on ne fabrique pas; si on ne fabrique pas, on ne mange pas.

Si le blé est à bon marché, on achète; si on achète,

on vend, si on vend, on fabrique, et si on fabrique, l'aisance, la prospérité circulent dans toutes les veines du corps social.

Mais qui peut accomplir ce prodige? L'agriculture. Courons donc à l'agriculture comme on court à un incendie.

CHAPITRE XVIII

UN PEU DE ZOOTECHNIE.

§ 1. — Les porcs anglais.

L'élevage des animaux domestiques est un des problèmes agricoles qui ont soulevé le plus de difficultés, le plus de passion.

Où la passion va-t-elle se nicher ? me direz-vous.

On parle des poëtes « *genus irritabile vatum* » : eh bien ! les poëtes sont de vrais petits anges, des modèles de patience et d'humilité, à côté des zootechniciens. Le nom un peu barbare qu'ils se sont donné indique déjà qu'il faut éviter de les heurter de front.

Pour les espèces bovine et ovine, la bataille n'est pas près de finir ; et cela se conçoit : outre le lait qu'ils produisent, on demande deux sortes de services aux bœufs et aux moutons : du travail et de la chair aux uns ; de la chair et de la laine aux autres.

Il est à peu près reconnu qu'un animal ne peut donner en même temps beaucoup de travail et beaucoup de viande, et qu'il faut opter entre la viande et la laine. Il s'écoulera donc bien du temps et on ne dépensera pas mal d'encre, avant qu'on ait pu mettre d'accord les partisans de la viande et les partisans du travail, les partisans de la viande et les partisans de la laine.

Quant aux bonnes gens qui voudraient essayer de concilier la viande et le travail, ou la laine et la viande, je leur conseillerai de rester chez eux.

Heureusement, pour l'espèce porcine, la question est très-simplifiée, et nous éprouvons moins de répugnance à nous en occuper.

Qu'est-ce qu'on demande aux porcs ?

De la graisse et de la chair; ils ne peuvent fournir ni lait, ni laine, ni travail.

Donc, pour eux, la question se résume en ces termes :

La race qui produit le plus et qui consomme le moins est la race la meilleure.

On a posé ainsi la question entre les races françaises et les races anglaises, et la réponse ne s'est pas fait attendre.

Les races françaises ont eu leur Waterloo.

Puis on a de nouveau relevé la question pour les grandes et les petites races, et c'est surtout là-dessus qu'on s'est un peu battu.

Les grandes races anglaises se rapprochent le plus des nôtres ; elles descendent de la race indigène, modifiée par l'élevage et le croisement avec la race chinoise. Les porcs *Yorkshire* constituent une des plus belles grandes races de l'Angleterre.

Les petites races *New-Leicester, Essex, Middlessex, Yorkshire, Windsor*, etc., forment des variétés de race directement issues de la race chinoise.

Ce sont les petites races qui ont le plus de succès en Angleterre, parce que les Anglais, qui savent calculer, recherchent les animaux qui « produisent le plus et consomment le moins. »

En France, nous n'en sommes pas encore là.

On tient beaucoup aux races françaises.

Les porcs anglais ont trop de lard, disent les uns; — la mariée est trop belle ?

Le lard des porcs anglais fond dans la marmite, disent les autres.

Conciliez donc ces deux objections !

Le peuple qui se dit le plus spirituel de la terre use son esprit à chercher de mauvaises raisons pour sacrifier son bien-être à ses préjugés.

Cependant nous ne devons pas nous lasser de répondre à des mots par des chiffres, à des opinions par des faits.

A force de démontrer que la terre tourne, on a bien fini par faire admettre que le soleil ne se couche pas, chaque soir, comme un bon bourgeois, dans le sein de la belle Amphitrite.

M. le vicomte de la Tullaye, propriétaire à Château-Gontier, pourrait passer, à juste titre, pour le Galilée de la petite race anglaise.

Il a pris 2 porcs, âgés de 7 mois, de race craonnaise, la meilleure de nos races françaises et 3 porcs new-leicester, âgés de 6 mois $\frac{1}{2}$, et 1 de 4 mois $\frac{1}{2}$. Voici les résultats obtenus :

Le 24 novembre 1856, les 2 craonnais pesaient 317 kilos.

En 65 jours d'engraissement, ils avaient consommé 14 hectolitres d'orge et 2 hectolitres de pois (147 fr. 50). et avaient gagné 97 kilos.

Le 27 novembre 1856, les 3 new-leicester pesaient 300 kilos.

En 65 jours d'engraissement, ils avaient consommé 8 hectolitres d'orge (84 fr.), et avaient gagné 171 kilos.

Donc :

Chaque kilogramme de viande ou de graisse obtenu avec les porcs craonnais revenait à 1 fr. 52 c.

Chaque kilogramme de viande ou de graisse obtenu avec les porcs new-leicester revenait à 0 fr. 49 c.

Maintenant concluez :

Les craonnais donnent plus de viande que de graisse.

Les New-Leicester donnent plus de graisse que de viande.

La graisse se vend plus cher que la viande.

Les craonnais valent 0 fr. 85 c. le kilog., poids vif.

Les new-leicester 1 fr. le kilog., poids vif.

Voici le compte qu'a établi M. de la Tullaye :

	fr.	c.
« J'ai dépensé pour les craonnais. . . .	147 fr.	50
Les 97 kilog. ont produit, à 0 fr. 85 c. . .	82	45
J'ai PERDU sur les craonnais.	65	05
J'ai dépensé pour les new-leicester . . .	84	»
Les 171 kilog. à 1 fr. ont produit. . . .	171	»
J'ai GAGNÉ sur les new-leicester. . .	87	»

Que voulez-vous répondre à ces arguments?

On objecte que les truies de la petite race, en raison précisément de leur aptitude à l'engraissement, sont moins prolifiques, ont des portées moins nombreuses que les truies indigènes. M. de la Tullaye répond en recommandant aux éleveurs de ne pas laisser les mères s'engraisser ; pour cela il n'y a qu'une chose à faire ; ne leur rien donner à manger.

C'est facile et surtout économique.

Depuis le commencement de juin jusqu'au 15 novembre, les truies, conduites le matin dans une pâture effruitée par le gros bétail, y passent la journée et ne reçoivent absolument rien à la porcherie. Quelques mois avant la mise bas, on leur donne un peu d'orge, et on les nourrit bien pendant l'allaitement, pour recommencer le jeûne aussitôt qu'elles ont été fécondées. Les portées varient de 6 à 12 petits.

M. Émile Pavy obtient de 8 à 12 petits avec la race de Middlessex.

Au reste, si les truies font moins de petits, c'est encore tout bénéfice : il vaut mieux gagner sur 6 élèves que de perdre sur 10.

M. Jamet, de Château-Gontier, un agronome qui joint l'esprit à la science, a fait le calcul suivant, à propos des résultats obtenus par M. de la Tullaye :

La consommation totale de la viande de porc, en France, est de 290,447,475 kilog. selon la statistique officielle.

Supposons, pour un instant, que la race indigène ait disparu, et qu'on n'élève que des porcs de la petite race ;

avec la même dépense de nourriture, nous obtiendrons 871,330,425 kilog. de viande de porc.

Ce qui, en admettant une baisse d'un tiers dans les prix de vente, donnerait encore aux agriculteurs un bénéfice de 174 millions de francs.

On paierait le porc moins cher, on en consommerait davantage, et les cultivateurs tripleraient leurs revenus.

Les petites races ont aujourd'hui de chauds partisans : MM. de la Tullaye, de Dampierre, Allier, Émile Pavy, etc., sont des autorités suffisantes. Les nombreux élèves qu'ils font chaque année, répandent dans le pays ces précieux animaux. — Un Anglais dont le nom est célèbre dans le monde entier comme éleveur de volailles, M. Baker, vient d'établir à Paris, à la porte du bois de Boulogne, un dépôt de porcs New-Leicester, Middlessex, Vindsor, etc., provenant des meilleures porcheries.

Peut-être qu'en leur offrant toutes les facilités pour se procurer de bons reproducteurs, peut-être qu'en les suppliant bien humblement de se laisser attendrir, pourrons-nous décider nos cultivateurs à accepter le bénéfice de cent soixante-quatorze millions de francs que leur offrent les porcs anglais de petite race.

§ 2. — Les bœufs précoces.

Quelle est l'institution qui n'a pas eu ses partisans et ses ennemis, ses enthousiastes et ses détracteurs ?

Le concours de Poissy n'a pas échappé à la loi commune : il a été diversement apprécié, car une infirmité de notre nature nous condamne à ne voir souvent qu'un seul côté des choses.

Les détracteurs ont vu le côté défavorable, l'autre leur a échappé ; tandis que les enthousiastes n'ont vu que le beau côté de l'institution.

On a dit du concours de Poissy que les primes étaient obtenues par des praticiens adroits qui *entraînaient* des animaux de choix spécialement destinés à courir le prix, comme les chevaux de luxe qui vont briller un instant sur le terrain de l'hippodrome ; que ces animaux étaient engraissés en dehors des règles économiques qui régissent une exploitation sérieuse ; qu'enfin on primait des monstres et non des bêtes destinées à alimenter régulièrement la consommation.

Il y a certainement une apparence de raison dans quelques-unes de ces critiques ; mais qu'importe ?

Nous nous soucions fort peu de savoir par quels procédés économiques les superbes animaux que l'on voit chaque année à Poissy ont été amenés à ce degré remarquable d'embonpoint. Ils montrent aux agriculteurs à quelle perfection on peut atteindre ; d'autres chercheront et trouveront, soyez-en sûrs, le moyen de les imiter et de les suivre dans la voie du progrès sans sortir des conditions économiques normales de la production.

A Poissy, on va voir des modèles sur lesquels on devra se conformer, contempler le type d'une perfection idéale qu'on essayera de réaliser.

Cependant, en dehors des animaux exceptionnels qui remportent les prix exceptionnels, on trouve

encore, au concours de Poissy, une moyenne d'excellents produits qui proviennent d'un élevage accompli
dans les conditions ordinaires et qui sortent des étables
des véritables éleveurs. Non-seulement les concours
des animaux de boucherie offrent aux agriculteurs une
exhibition pleine d'intérêt des plus beaux types de
chaque race, mais ils apportent aussi avec eux le
stimulant d'une puissante émulation.

Ces avantages suffiraient pour recommander cette
utile institution, si des considérations d'un ordre plus
élevé ne venaient augmenter son importance et son
utilité.

Je veux parler des travaux qui sont confiés chaque
année à une commission composée de M. Baudement,
professeur au Conservatoire des arts et métiers, et des
syndics de la boucherie et de la charcuterie de la ville
de Paris.

Les travaux de cette commission ont porté sur les
quatre concours de 1853, 1854, 1855 et 1856. Les observations recueillies commencent à être assez nombreuses pour permettre d'en tirer quelques déductions
empreintes d'un certain caractère de certitude.

Les études de cette commission avaient pour objet de
reconnaître, d'après les caractères physiques que montrent les viandes lorsqu'elles ont été débitées, leurs
propriétés nutritives, la qualité de leur goût, et leur
aptitude à se prêter aux préparations culinaires les plus
usuelles.

Or, comme les observations de la commission comprennent des animaux de moins de trois ans et des ani-

maux de plus de trois ans, des animaux de races françaises pures et des animaux de races croisées avec la race
anglaise de boucherie connue sous le nom de *durham*,
le résultat de son examen doit offrir un grand intérêt.

C'est donc un nouvel épisode de la grande querelle
des animaux anglais et des animaux français, des animaux précoces et des animaux qui ne le sont pas.

M. Baudement publie chaque année dans les comp-
tes rendus du ministère de l'agriculture et du commerce
un rapport plein de faits positifs et d'observations fort
curieuses.

Cette année (1856), il a pu formuler quelques conclusions préliminaires qui sont de nature à permettre
de préjuger l'issue du débat qui divise les agriculteurs
sur la question des animaux de boucherie.

En quatre années, on a opéré sur 151 bœufs gras
primés aux concours. Ces bœufs ont été abattus et dé-
bités sous les yeux de la commission ; les quartiers ont
été examinés à l'étal des bouchers. On a fait cuire des
morceaux choisis et ils ont été dégustés par la commission.

Avant de faire connaître les résultats de cet examen,
je citerai un passage du rapport de M. Baudement pour
donner une idée de la méthode employée par lui :

« Le *durham-manceau* n° 13, qui a obtenu le prix
d'honneur en 1856, avait un grain de viande d'une rare
finesse ; la graisse l'avait atteint dans toute sa profondeur ; elle entourait, en couches épaisses, des muscles
d'une teinte claire et brillante. Jamais peut-être la
graisse ne s'était accumulée sur une aussi grande

épaisseur dans la région sternale ; aussi les bouchers disaient-ils que les *brochets* étaient étonnants ; les charcutiers auraient dit que la *panne* était extraordinaire. »

Voici maintenant pour la dégustation :

« Le *durham-normand* n° 1 a fourni un morceau de *gîte à la noix* pour le potage et le bouilli ; le *durham-manceau* n° 13 a donné pour le rôti un morceau d'*aloyau* et de *filet*.

« Le bouillon était pâle, mais excellent. Il aurait satisfait les yeux aussi bien que le palais, si l'on eût voulu lui donner de la couleur à l'aide des procédés culinaires ordinairement employés, si la viande fût restée un peu plus longtemps dans l'eau froide avant d'être soumise à l'action du feu, et si l'ébullition eût été un peu plus prolongée. Mais tout moyen artificiel avait été prohibé, et le chef de cuisine, ayant affaire à une viande qu'on lui désignait comme étant extraordinairement jeune, crut devoir modifier ses habitudes et se préoccupa beaucoup plus du bouilli que du bouillon. Malgré cela, le bouillon était, comme je l'ai déjà dit, extrêmement fin de goût et d'arome.

Le bouilli a été trouvé unanimement délicieux : tendre, savoureux, délicat, parfumé, il avait toutes les qualités que les Français aiment à trouver dans leur pot-au-feu national. Mangée froide le lendemain, cette viande s'est montrée également parfaite sous le couteau et sous la dent. C'était donc bien, à la dégustation comme à l'examen de l'étal, la viande d'un bœuf arrivé à pleine maturité, *bien qu'il n'eût que deux ans et dix mois*.

Le rôti était parfait de qualité, riche de jus, moelleux, succulent : il dénotait aussi une maturité complète chez un bœuf âgé de trois ans et huit mois ; il ne démentait en rien l'appréciation de l'étal. Les ménagères auraient pu seulement reprocher à cette viande d'apporter sur la balance du marchand une trop grande quantité de graisse, dont on était forcé de débarrasser les morceaux avant de les faire cuire. Mais un excès de graisse ne nuisait en rien à la qualité de la chair. »

Prenons maintenant quelques chiffres très-significatifs. En exprimant par le nombre 100 la perfection de la qualité de la viande, on a obtenu dans les quatre derniers concours de Poissy les données suivantes pour chaque race :

La race *durham-mancelle* (17 individus) est cotée à 100 ; la race *choletaise* (10 individus), à 98 ; la race *limousine* (11 individus), à 97 ; la race *garonnaise* (8 individus), à 93 ; la race *durham* croisée avec schwitz et normands (21 individus), 93 ; les *durham purs* (16 individus), 92 ; la race *charolaise* croisée avec durham (18 individus), 89, 5 ; la race *charolaise pure* (28 individus), 88 ; enfin, la race de Salers (5 individus), 84.

On voit que si les échantillons de la race anglaise pure ont été placés à un rang très-inférieur, le croisement de cette race avec la race mancelle a obtenu de magnifiques résultats ; et ces résultats ne sont pas l'effet d'un hasard heureux ; la moyenne qui assure la supériorité de ce croisement est établie sur 17 animaux.

Et résumé, des expériences de M. Baudement il est résulté ceci :

La viande des bœufs *jeunes*, c'est-à-dire de deux ans et demi à quatre ans, étudiée au même point de vue, appréciée d'après les mêmes règles que celle des bœufs *âgés*, n'est pas une viande intermédiaire entre le veau et le bœuf : c'est la viande faite d'un animal adulte.

Les bœufs *jeunes* arrivent avant quatre ans à cette maturité de l'âge adulte ;

Les bœufs *âgés* n'y arrivent que longtemps après quatre ans, vers la fin de la sixième année.

Il y a pas la moindre différence entre ces deux viandes.

Les uns sont *précoces*, les autres ne le sont pas.

Voilà toute la question.

Je me trompe, il y a une différence entre la viande des bœufs jeunes et celle des bœufs âgés. La viande précoce a été constamment supérieure à l'autre au point de vue des propriétés nutritives et du bon goût.

Les bœufs précoces proviennent principalement du croisement de la race *durham* avec nos races indigènes. Cependant, on en trouve quelques-unes, mais en très-petit nombre, parmi les choletais et les limousins.

Enfin, les produits de croisements obtenus par l'alliance du sang *durham* avec nos races françaises semblent posséder une qualité de viande supérieure à celle de la race *durham*.

Cette supériorité ne me paraît pas complétement démontrée, ni à M. Baudement non plus, je dois le reconnaître. Les *durham* transportés en France n'ont peut-être pas été maintenus dans des conditions convenables. Ce ne sont point certainement les plus beaux

types des marchés de Londres, et on ne saurait établir
une comparaison absolue entre les premiers types de
nos races nationales et des animaux dépaysés, acclimatés, tant bien que mal, dans une contrée différant
sous bien des rapports de leur pays d'origine.

Les études dont les animaux du concours de Poissy
de 1857 sont l'objet offriront sous ce rapport un puissant intérêt.

On sait que le concours qui a eu lieu le 8 avril 1857
était universel. Les Anglais y ont envoyé une soixantaine de bœufs gras appartenant à diverses races, mais
plus particulièrement aux races de Durham, d'Hereford, Devons, etc.; 39 prix ont été attribués aux races
bovines anglaises, écossaises et irlandaises.

On a donc pu apprécier comparativement les types
les plus remarquables des races anglaises destinées
spécialement à la boucherie et des races françaises ou
croisées élevées dans le même but.

Les travaux de M. Baudement se sont étendus aux
lots de moutons. Mais les résultats ont présenté peu de
fixité, et la commission a dû réserver sa conclusion
pour le jour où un nombre de lots plus considérable
permettra d'asseoir un jugement sur des bases solides.
Cependant on a remarqué que, contrairement à ce
qui se passe pour la race bovine, la qualité supérieure
de la viande de mouton ne suit pas la précocité de l'animal. Les moutons au-dessus de 18 mois ont été jugés
les meilleurs.

Quant aux différentes races, voici dans quel ordre
elles ont été provisoirement rangées, toujours au point

de vue des qualités gastronomiques de la viande : dishley-artésiens, charmoisé, berrichons, dishley-mérinos, métis-mérinos, anglo-berrichons, etc.

Nous sommes habitués à voir figurer et triompher aux concours de Poissy les races anglaises, soit pures, soit croisées avec les races indigènes. Au reste, la supériorité de ces races remarquables par leur précocité est depuis quelque temps complétement établie, au moins à Paris. « D'après l'opinion, très-nette aujourd'hui, dit M. Baudement, des charcutiers qui ont pu comparer les porcs des races tardives aux porcs des races précoces, et qui n'étaient ni sans préjugé ni sans défiance contre celles-ci, les petites races perfectionnées et les produits qu'elles donnent par croisement ont une chair plus fine, plus tendre ; ils se salent plus vite et font d'excellents jambons. Depuis trois ans que je suis avec le plus vif intérêt et la plus grande attention chacun des porcs primés, à l'étal et au laboratoire des charcutiers, je dois dire que cette opinion est devenue la mienne. »

Il est facile de se rendre compte, d'après ce qui précède, de l'importance nouvelle que donnent aux concours de Poissy les travaux de M. Baudement et de la commission, composée d'hommes pratiques qui opèrent avec lui.

Lorsque ces observations multipliées auront trouvé dans un plus grand nombre de faits une base plus large et inattaquable, les règles qui pourront en être déduites seront d'un grand secours pour les éleveurs, et serviront à agrandir le domaine encore restreint de la science zootechnique.

17.

Le bœuf, le mouton, le porc, sont des machines à prod.ire de la viande et de la graisse. Il faut étudier leurs résultats comme on a étudié leurs fonctions.

Les expériences de M. Baudement tendent à constituer une science nouvelle, la science de la dégustation. Toute modeste qu'elle paraisse, l'étude que cette science a pour objet n'en a pas moins un rôle important à remplir dans le fait de l'alimentation humaine.

Au milieu des crises alimentaires que nous traversons et des souffrances sans nombre qu'elles ont engendrées, les efforts qui tendent, soit à multiplier les têtes de bétail, soit à augmenter la quantité et la qualité de leurs produits, méritent l'approbation et les encouragements particulièrement de ceux que la cherté des subsistances ne condamne pas à un jeûne forcé.

CHAPITRE XIX

LA LIBERTÉ DE LA BOUCHERIE,

En décrétant la liberté de la boucherie, le gouvernement a pris une mesure qui a produit une sensation profonde dans la population parisienne, et qui a largement répondu au vœu des consommateurs et des producteurs ; car les producteurs et les consommateurs étaient également intéressés à ce que les transactions qui ont pour objet le commerce des viandes fussent délivrées des entraves séculaires qu'une tradition d'un autre âge avait maintenues jusqu'à ce jour.

Tous ceux qui ont étudié la question de la boucherie avec impartialité, tous ceux qui considèrent la liberté commerciale comme l'unique moyen d'attribuer aux choses qui se consomment leur véritable valeur, ont applaudi à l'émancipation de la boucherie parisienne.

Il ne faut cependant pas se faire illusion sur la portée d'un acte de cette nature ; les conséquences ne pourront s'en faire sentir immédiatement, mais le bien qu'il doit amener n'en sera que plus sûr et plus complet.

A peine le décret avait-il paru que cette question s'est trouvée dans toutes les bouches :

La liberté de la boucherie fera-t-elle baisser le prix de la viande ?

Les uns disent non.

Les autres disent oui.

Les sages s'abstiennent.

Les sages sont ceux qui évitent de se prononcer afin de ne pas se tromper.

Ils ne veulent pas aimer, afin de ne pas souffrir.

Ils n'ont pas de passion pour le bien, afin de ne pas s'exposer à avoir de la passion pour le mal.

Ils vont en voiture, afin d'économiser leurs souliers. Ce sont les vrais sages de notre temps. Ils savent que les émotions nous usent, et ils fuient les émotions.

Ceux-là vivent cent ans et plus. Ils appellent cela vivre, les malheureux !

Nous n'avons pas à nous occuper des sages.

Il y a donc ceux qui affirment et ceux qui nient.

Je n'ai pas besoin de dire que je suis avec les premiers et que je crois à l'efficacité absolue de la mesure qui vient d'être prise.

Cependant il faut bien s'expliquer.

Le hasard a voulu que je fusse le dernier à traiter dans le *Siècle* une question soulevée et discutée bien des fois par mes collaborateurs avec cette autorité que donne une bonne cause soutenue avec talent. Nous n'avons donc pas été pris à l'improviste ni les uns ni les autres, et les conséquences du régime nouveau de la boucherie ont été depuis longtemps pesées et prévues par les rédacteurs de ce journal.

La boucherie sera libre à partir du 31 mars ; est-ce à dire que le 1er avril le prix de la viande tombera, comme le rideau d'un théâtre lorsqu'on a décroché la ficelle qui le soutient? Évidemment non.

Il ne faudrait pas avoir la moindre idée du mécanisme économique de notre société pour demander au décret du 24 février un effet subit qu'il est à peu près impossible qu'il produise.

Le filet de bœuf et la côtelette auront encore bien des vicissitudes à traverser avant d'avoir pu se débarrasser des mille entraves que laisse après lui un monopole de plusieurs siècles! et il ne faudra s'en prendre ni aux producteurs, ni aux consommateurs des effets prolongés d'une situation fausse et anormale ; peut-être même pas aux bouchers.

Est-ce que le convalescent reprend ses forces du jour au lendemain?

Est-ce que l'Océan troublé par l'orage se calme tout à coup?

Que faut-il pour que le prix de la viande s'arrête à un cours normal, justement rémunérateur ?

Il faut d'abord du temps, et puis du temps.

Figurez-vous que le commerce de la boucherie a été bien malade, et qu'il est doué d'une bonne constitution; sa constitution, — c'est la loi du 24 février, — triomphera du mal, mais il faudra de la persévérance et du temps.

Examinons d'abord dans quelle situation se trouve

aujourd'hui le commerce de la boucherie sous le régime de l'ordonnance de 1829, et dans quelle situation il se trouvera demain sous le régime du décret de 1858.

La corporation se compose de 501 bouchers.

Sur ce nombre, 125 vont aux marchés acheter pour leur compte et revendent la viande dépecée à leurs pratiques, ce sont les gros bouchers; 38 ont un étal qu'ils n'exploitent pas et qu'ils ont cédé à un tiers exerçant sous leur nom, ce sont les *chevillards*.

Les chevillards achètent les bœufs sur les marchés, les font abattre et les vendent, par quartiers, à leurs 321 collègues, qui ne sont, par le fait, que des revendeurs de viande. Ce sont ces 38 bouchers en gros qui, en définitive, dominent le marché.

Les inconvénients du monopole avaient depuis longtemps frappé les bons esprits lorsque le gouvernement appliqua la taxe.

La taxe est le correctif ordinaire du monopole, mais la taxe s'est montrée insuffisante. Il y a plus, la taxe était devenue une source sérieuse de bénéfices illicites.

« Un bon étalier, lorsqu'il habille un bœuf, a quarante francs dans son couteau, » me disaient plusieurs vieux praticiens que je consultais à l'occasion de la fameuse expertise que voulait m'imposer le syndicat de la boucherie. « Je connais tel étalier qui gagne 150 francs par semaine, » me disait, hier encore, un de nos grands propriétaires engraisseurs.

La taxe n'avait donc pas porté les fruits qu'on en espérait; elle était devenue une aggravation du mal, en ce qu'elle condamnait le consommateur à passer sous les doubles fourches caudines de la taxe et du monopole.

Au point de vue du producteur, c'était bien autre chose.

La taxe, confondant toutes les qualités dans une même catégorie, décourageait les éleveurs et poussait surtout à la production et à la consommation des bêtes médiocres. La première catégorie d'un excellent bœuf devant être vendue au même prix que la première catégorie d'un mauvais bœuf, les bouchers avaient intérêt à n'acheter que des animaux de qualité inférieure.

Il est bien évident que le monopole et la taxe étaient préjudiciables aux producteurs, à qui on ne payait pas la marchandise assez cher, et aux consommateurs, qui la payaient plus qu'elle ne valait.

On avait bien essayé de faire une modeste concurrence au monopole, en autorisant une centaine de bouchers forains à porter de la viande sur les marchés, et en établissant les ventes à la criée en gros et en détail.

Mais on a rarement le temps d'aller chercher son pot-au-feu au marché, et on n'a jamais le loisir d'attendre que le morceau que vous désirez vous soit adjugé par le facteur de la vente à la criée. La majeure partie des viandes de la criée sont vendues par quartiers, et ce sont les bouchers eux-mêmes qui les achètent.

A qui le monopole et la taxe étaient-ils donc avantageux? A MM. les bouchers probablement, puisque les producteurs et les consommateurs étaient unanimes pour n'en plus vouloir. D'ailleurs la vivacité que la corporation a mise à se défendre contre quelques justes critiques le prouverait surabondamment.

En résumé, le régime d'hier mécontentait la majorité des intéressés : ceux qui produisent la viande et ceux qui la mangent. Ceux qui la vendent, esprits plus accommodants sans doute, semblaient au contraire satisfaits, et trouvaient que tout était pour le mieux dans le meilleur des commerces possibles.

Le régime de demain renversera peut-être les rôles. Non pas que les bouchers soient sacrifiés aux consommateurs à Dieu ne plaise ! mais les consommateurs et les producteurs seront satisfaits, et les bouchers se plaindront peut-être.

Cependant le régime nouveau, nous en sommes convaincu, ne saurait nuire à personne. Chacun y trouvera son profit.

Est-ce qu'on livre, cette fois, le boucher au consommateur ?

Est-ce qu'on soumet le marchand de viande à quelque mesure coercitive ?

On lui dit : « Vendez librement, comme vous l'entendrez, et accordez aux autres la liberté qu'on vous donne à vous-même. »

Quiconque voudra se faire boucher pourra le devenir.

Le boucher pourra acheter sa viande, sur tous les marchés de France, chez tous les producteurs ;

Il pourra la vendre le prix qu'il voudra.

Voilà pour le boucher.

Le producteur pourra conduire ses bestiaux sur les marchés qu'il lui plaira de choisir.

Il les vendra à qui il voudra.

S'il ne les vend pas sur pied, il les fera sacrifier à l'abattoir et vendra la viande au boucher, le suif au fondeur, la peau au corroyeur.

S'il ne veut pas faire ces opérations par lui-même, il confiera ses intérêts à un facteur commissionné, cautionné, et surveillé par l'administration.

Voilà pour le producteur.

Quant au consommateur, il ira chercher sa viande chez le marchand qui livrera la marchandise au meilleur marché, comme on fait pour toutes les autres denrées, quand on n'est pas ou un prodigue ou un paresseux.

Ce mécanisme est trop naturel, trop logique et trop simple pour que les esprits forts l'admettent sans contestation. Il faudra leur prouver que le plus court chemin d'un point à un autre est la ligne droite, ou qu'un quart d'heure avant sa mort M. de la Palisse était encore en vie !

« La liberté de la boucherie, c'est grave », diront les prévoyants ; « et l'approvisionnement de la capitale, et les accapareurs ! »

Quand les adversaires de la liberté de la boucherie ont prononcé ces deux mots : approvisionnement et accaparement, ils ont tout dit.

On prétend que l'approvisionnement de Paris pourra se trouver compromis par la liberté du commerce de la boucherie.

Pourquoi les producteurs cesseraient-ils d'envoyer ou de conduire leurs bestiaux aux marchés ?

Parce que les bouchers iront les acheter dans leurs étables?

Mais si les bouchers vont les chercher chez leurs éleveurs, c'est pour les conduire à Paris, je pense? A moins que les bouchers n'aillent les vendre à Pékin, ce qui n'est pas admissible.

Est-ce que la banlieue de Paris, est-ce que Lyon. Berlin, Londres, où la boucherie est libre, archilibre, ont jamais manqué de viande?

Sera-ce parce que le nombre des acheteurs augmentera que les éleveurs intimidés craindront de se voir enlever leurs bestiaux à des prix plus avantageux? Est-ce que le nombre croissant des acheteurs a jamais effrayé les vendeurs?

Ou bien les cultivateurs renonceront-ils à expédier à Paris les bêtes qu'ils ont engraissées parce qu'ils auront la certitude de n'être pas volés par les commissionnaires, — comme ça leur arrive souvent aujourd'hui, — ou parce qu'ils auront la faculté de faire tuer leurs animaux, et de les vendre plus cher et plus sûrement à la cheville?

Les chevillards gagnaient beaucoup d'argent; les éleveurs auront-ils peur d'en gagner un peu en se faisant eux-mêmes chevillards?

Tout cela ne se discute même pas.

Quant à l'accaparement, c'est encore plus fort.

Que voulez-vous que je vous réponde si vous me dites que c'est la faute des accapareurs s'il a manqué l'année dernière dix millions d'hectolitres de blé? Où voulez-vous que les accapareurs mettent dix millions d'hectolitres de blé ? L'accaparement de la viande est plus impossible encore.

Pour faire renchérir artificiellement et sérieusement la viande par l'accaparement, il faudrait acheter les arrivages de plusieurs jours. Or, il arrive toutes les semaines plus de 75,000 têtes de bœufs, vaches, veaux, moutons ou porcs, sans compter 308 mille kilogrammes de viande pour la criée, sans compter les entrées des bouchers forains. Eh bien ! peut-on raisonnablement admettre qu'une marchandise, dont la consommation s'élève à des chiffres pareils puisse être accaparée, renfermée dans des étables, conservée, entretenue pendant le temps nécessaire pour affamer la population et faire hausser les cours ?

Cette marchandise est une marchandise encombrante s'il en fut ; il faut la soigner, la nourrir, et la bien nourrir, si on ne veut pas lui voir perdre 30 ou 40 pour 100 en quelques jours.

Et n'avons-nous pas les chemins de fer ?

Quand vous aurez des facteurs qui ne voleront pas le cultivateur ; au moindre renchérissement sérieux il arrivera des bandes d'animaux de toute part.

Il serait aussi facile d'accaparer les eaux de la Seine que d'accaparer l'approvisionnement de Paris.

Savez-vous ce qui arrivera prochainement ? Voici, pour mon compte, ce que je prévois :

Les éleveurs enverront comme de coutume, leurs bœufs aux marchés ; si les cours ne s'élèvent pas, ils prendront peu à peu l'habitude de les faire abattre pour leur compte et de les vendre à la cheville. Les facteurs vendront beaucoup plus de viande abattue que de viande sur pied. Le marché abandonnera Sceaux et Poissy pour se concentrer dans les abattoirs, — et ce sera tant mieux, — le commerce de la boucherie y gagnera d'être moins obscur, plus abordable et plus honnête.

A mesure que la vente de la viande abattue prendra des proportions plus considérables, le nombre des bouchers s'accroîtra, parce qu'il sera plus facile de monter un étal.

La corporation dispersée essayera bien de se défendre, comme elle a fait en 1825. Mais en 1825 MM. les bouchers étaient censitaires, plusieurs appartenaient à ce qu'on appelait le grand collége, et leurs voix comptaient double. C'est là, je crois, le fin mot de cette courte expérience.

Cependant les titulaires aisés chercheront à se défendre, et ils feront bien. Autour de l'étal primitif, on ouvrira des succursales, avouées ou non, qui seront autant de redoutes, autant de blockaus destinés à empêcher les intrus de s'établir. On baissera les prix, on mangera même de l'argent pour décourager les téméraires. Les consommateurs profiteront du débat, et lorsque les anciens triomphants auront vu s'écrouler l'édifice éphémère d'un concurrent malheureux, un autre viendra fatalement remplacer le vaincu, *uno avulso non deficit alter*. L'appât du gain est un irrésistible stimulant, et on a tant parlé des bénéfices de messieurs les bouchers que les jouteurs ne manqueront pas pour cette nouvelle conquête de la toison d'or.

D'ailleurs, le commerce de la boucherie est peut-être un des négoces qui demandent le moins de capitaux. Cinq ou six mille francs suffisent pour entretenir une maison respectable. On achète au comptant et on vend au comptant. On ne garde pas la marchandise plus de deux ou trois jours, et le capital engagé le matin peut rentrer le soir même au bercail.

Croyez-vous que cette facilité de gagner de l'argent sans courir aucun risque ne tente pas beaucoup de gens? Et croyez-vous maintenant que la concurrence des bouchers libres ne fera pas augmenter le prix du bétail acheté au producteur, et baisser le prix de la viande vendue au consommateur?

Si vous ne le croyez pas, attendez patiemment quelques mois encore, et vous verrez la question du pot-au-feu résolue au profit de ceux qui font la viande et de ceux qui la mangent, sans qu'on ait eu besoin de ruiner ceux qui la vendent.

Mars 1858.

CHAPITRE XX

DU ROLE DES FEMMES EN AGRICULTURE.

Il est toujours très-délicat d'avoir à parler des femmes.

On en a dit tant de mal !

On en a dit tant de bien !

Ceux qui en ont dit du mal sont peut-être ceux qui les ont le plus aimées ;

Ceux qui en ont dit du bien pensaient à leur mère.

Mais parler des femmes à propos d'agriculture, quelle rude tâche !

Heureusement je n'ai à m'occuper, dans cette affaire que d'une moitié de cette belle moitié du genre humain.

Je diviserai les femmes en deux parts : celles qui vivent uniquement pour plaire, celles qui vivent pour leur famille.

On a débité un tas de sottises sur l'art de plaire. L'art de plaire consiste à changer de robe plusieurs fois par jour, à se conserver la main blanche, le teint frais, l'œil brillant, et à réparer avec beaucoup d'industrie des ans l'irréparable outrage.

L'horizon de la femme qui veut plaire ne s'étend guère au delà des ateliers de sa couturière et de sa marchande de modes.

L'art de plaire est un des attributs de la femme ; mais il ne doit pas absorber sa vie.

La femme a aussi droit à la vie de famille. On a habituellement un mari, souvent aussi des enfants ; le rôle de la femme consiste bien un peu à s'occuper de ses enfants et de son mari.

Pendant que l'Indien est à la chasse, sa compagne suspend aux lianes de la forêt le berceau ombragé de son enfant pour préparer le repas de la famille et réunir au pied des grands arbres les feuilles qui serviront de couche au guerrier fatigué.

Chez nous, c'est bien différent : la femme qui veut plaire n'a ni enfants ni mari ; il y a des domestiques pour son mari, des bonnes pour ses enfants. Heureusement cette part de notre charmante moitié habite presque exclusivement la ville.

A la campagne, il n'y a que des femmes qui plaisent sans chercher à plaire, et qui ont la faiblesse d'aimer leurs enfants et leurs maris. C'est pour ces femmes qu'une mère de famille écrivit l'excellent livre dont je vais parler : la *Maison rustique des dames.*

Depuis plus de deux siècles, on appelle *Maison rustique* des traités complets d'agriculture mis en harmonie avec les progrès du temps où chaque édition paraît. Madame Millet-Robinet a pris ce titre pour faire un traité qui embrasse les devoirs, les occupations et

même les distractions et les plaisirs d'une femme destinée à vivre au milieu des champs.

Quelle que soit sa condition sociale, la femme qui
habite la campagne a un beau rôle à remplir, une place
importante à conquérir dans cette calme et attachante
industrie dont la nature fait les premiers frais. Compagne d'un propriétaire ou d'un fermier, d'un paysan ou
d'un gentilhomme, la femme s'associe aux travaux, aux
préoccupations, aux joies de son mari, et prend dans
la maison une large part d'autorité, que cette maison
soit ferme ou château.

Il suffit de jeter un regard indiscret dans l'intérieur
d'un célibataire pour se rendre compte de l'influence
bienfaisante d'une bonne ménagère. Mais, au sein des
villes, cette influence est presque exclusivement renfermée dans le ménage ; la surveillance de la femme est
utile dans presque toutes les industries, mais elle n'est
indispensable dans aucune de celles qui sont instal-
lées dans la cité.

L'industrie agricole est la seule qui ait absolument
besoin du concours actif, intelligent, dévoué de la
mère de famille.

Dans la ville, le travail industriel est renfermé dans
l'atelier. Sorti de l'atelier, l'ouvrier rentre dans le sein
de sa famille et échappe complétement à l'action du
chef d'usine.

A la campagne, il en est tout autrement. La vie patriar-
cale des premiers âges se retrouve là. Les ouvriers de
la ferme et le maître des champs qu'ils cultivent forment une même famille ; le chef de la famille, c'est le

propriétaire ou le fermier. Ils habitent tous sous le même toit, ils mangent tous du même pain ; ils sont tous liés par une étroite solidarité.

La compagne du chef de cette nombreuse famille a naturellement des devoirs à remplir analogues à ceux qui pèsent sur son époux. C'est toujours la direction d'un ménage, mais d'un ménage considérablement agrandi. En l'absence du mari, il faut qu'une personne initiée aux principales opérations de l'exploitation puisse surveiller le gros des travaux, suivre les affaires courantes, répondre aux nécessités les plus pressantes. Personne n'est plus apte à donner ces soins que celle qui partage avec le chef de la famille les soucis et les joies d'une existence commune.

Dans une exploitation rurale, la main d'une femme est non-seulement nécessaire pour maintenir l'ordre intérieur, la régularité des dépenses journalières ; elle apporte aussi dans la direction générale des opérations une influence moralisante que l'on ne saurait méconnaître. C'est elle qui doit prévenir le mal que son mari a le devoir de réprimer.

Je connais une ferme dirigée par un jeune et intelligent ménage qui a préféré la gloire solide d'une belle réputation agricole à l'étalage d'un luxe inutile, autorisé pourtant par une grande fortune. La maîtresse de la maison, voulant empêcher les laboureurs d'aller passer leur dimanche au cabaret pour y boire le salaire de la semaine, a eu l'ingénieuse idée de créer dans la ferme une salle de billard. Le jardinier est autorisé, les jours de fêtes et les dimanches, à vendre aux ouvriers le café qu'ils ont joué entre eux.

Les vachers, les laboureurs, les palefreniers, etc., couchent, comme partout, dans les étables, dans les écuries. Une salle propre, aérée, située au-dessus de la cuisine de la ferme, à portée de la servante-maîtresse, a été transformée en infirmerie, garnie d'excellents lits, afin que les ouvriers malades puissent y recevoir les soins qu'ils ne trouveraient peut-être pas dans leur famille.

Cette ferme, pourquoi ne le dirais-je pas, est celle de M. Émile Pavy, le lauréat du concours de Poissy pour la race porcine.

C'est aux femmes qui, comme madame Pavy, ont associé une belle jeunesse aux travaux modestes de leur mari que s'adresse le livre de madame Millet-Robinet; il s'adresse aussi à toutes les personnes qui n'ont pas limité leur intelligence, leur dévouement et leurs désirs aux cerceaux de leur incommensurable crinoline.

La *Maison rustique des dames* est divisée en quatre parties. La première contient un traité détaillé sur la tenue du ménage, et comprend des renseignements précieux sur l'ordre à établir dans la maison, l'entretien du mobilier, le linge, la cave, les provisions et la composition d'une bibliothèque de bons livres de science, de littérature, de voyages, etc. La deuxième partie est remplie par un manuel de cuisine complet. La troisième partie traite du jardinage et des travaux de la ferme qui sont du ressort de la maîtresse de la maison; enfin, la quatrième et dernière partie, rédigée avec une extrême circonspection, a pour titre *Médecine domestique*. Avec ce petit travail médical, on ne peut pas, dans les cas sérieux, se passer de médecin, mais on peut prévenir les dangers qu'amène souvent le défaut des premiers soins qu'exigent les malades.

Je ne pourrai mieux donner une idée de l'excellence de ce livre et de la variété des matières qu'il contient qu'en citant cette phrase de madame Millet :

« Je crois qu'il est absolument nécessaire de préparer « les jeunes filles à devenir de bonnes ménagères de « campagne, sans négliger l'instruction et les talents, « qui peuvent rendre une femme la digne compagne « de l'homme le mieux élevé. »

Madame Millet-Robinet, qui vit elle-même au milieu d'une ferme, ne pense pas qu'il soit absolument nécessaire de demeurer ignorant pour habiter la campagne, et que la rusticité des travaux doive supposer la rusticité des manières.

Visitez une ferme anglaise et vous verrez qu'on rencontre fréquemment, dans les districts les plus éloignés toute l'élégance et tout le raffinement d'une grande ville.

Et d'ailleurs, les femmes charmantes qui, depuis quelques années, sur tous les points de la France, ont consenti à s'associer aux travaux de l'agriculture, ne nous ont-elles pas prouvé qu'on pouvait conserver, même au milieu des champs, la grâce, l'esprit et la beauté ?

CHAPITRE XXI

SOPHISTICATION.

---

§ 1. — Comment on fait du vin.

Je me suis laissé dire qu'on falsifiait le vin.

Ce sont peut-être des propos de chimistes.

Mais enfin MM. Payen et Chevallier assurent qu'on introduit dans le vin des acides tartrique, acétique, tannique, de la craie, du plâtre, de l'alun, du sulfate de fer, du carbonate de potasse ou de soude, des amandes amères ou des feuilles de laurier-cerise, c'est-à-dire de l'acide prussique, le plus violent de tous les poisons lorsqu'il est concentré.

Tout cela, afin de rendre le vin meilleur.

Au treizième siècle, on mêlait de la litharge aux vins d'Argenteuil pour corriger leur acidité proverbiale.

On fait aussi du vin sans raisins ; toujours à ce que prétendent les chimistes.

Faites fermenter dans de l'eau des baies de genièvre, des semences de coriandre, du pain de seigle sortant du four coupé par morceaux, colorez ce liquide avec une infusion de betteraves et vendez à raison de 90 centimes le litre.

Mélangez du vinaigre, du vin de Roussillon et du bois de campêche, vous obtiendrez du vin de Mâcon ; ou bien faites une mixtion d'eau, d'acide tartrique, de soufre, de potasse, d'essence de framboise et d'un peu de vin, si vous y tenez, et vous aurez du vin de Bordeaux.

Ces falsificateurs, sophistiqueurs, s'il est vrai qu'ils existent, sont tout simplement des voleurs qui empoisonnent de temps en temps pour mieux faire réussir leur vol.

Nous espérons bien que lorsque le progrès des lumières aura fait reconnaître au peuple français, le plus spirituel de la terre de l'aveu des Français eux-mêmes, l'évidence de ces obscures vérités, savoir :

Que l'industrie agricole est une industrie ;

Que le commerce agricole est un commerce ;

Que la propriété littéraire est une propriété ;

Que celui qui vole son prochain est un voleur ;

Que celui qui empoisonne ledit prochain est un empoisonneur :

Espérons qu'alors on enverra aux galères les voleurs qui nous empoisonnent.

En attendant, on les met à l'amende. C'est toujours un pas dans la voie étroite de la logique absolue.

Cela vaut mieux que si on leur faisait des pensions.

Mais voici maintenant qu'il nous arrive une nouvelle secte de falsificateurs, gens considérables, pour la plupart, je le reconnais. Ils nous font grâce de la vie, ceux-là ; ils ont l'honnêteté de ne pas nous empoisonner. Mais s'ils ne nous volent pas, ils peuvent fournir des armes aux voleurs.

Ce sont des chimistes allemands qui se sont mis à la tête de cette intéressante industrie.

Le chimiste, c'est l'arbre de la science du bien et du mal.

Il nous met en garde contre les sophisticateurs, mais il lui prend quelquefois fantaisie de sophistiquer pour son compte.

Le nouveau procédé paraît tiré de l'Écriture sainte : nous avions la *multiplication des pains*, on pourrait appeler la méthode si savamment expérimentée et discutée par le docteur Gall, de Trèves, la *multiplication des vins*.

On a d'abord multiplié les vins du Rhin.

M. le docteur Gall, qui est un savant homme, j'oserai dire un homme habile, a fait ce raisonnement bien simple : « Le moût du Riessling, par exemple, contient dans les bonnes années 24 0/0 de sucre, et, au plus, 0,65 d'acide ; sa composition est dès lors représentée par :

Sucre	24,00
Acide	0,65
Eau et *autres matières*	75,35
Total	100,00

Je souligne à dessein les mots : *autres matières*. Nous y reviendrons.

« Supposons, dit toujours le même docteur, que

nous opérons sur un moût dans lequel l'analyse nous a
donné sur 100 parties :

Sucré	16,20
Acide	0,92
Eau et *autres matières*	82,88
TOTAL.	100,00

« Il est facile de reconnaître, par un calcul très-
simple, que si on ajoutait à 100 parties de ce moût
17,08 de sucre et 23,77 d'eau, il aurait la même composition que le moût normal. »

Et, de cette façon, aurait dû ajouter le docteur Gall,
avec une même quantité de raisin, on obtiendra, par
exemple, 124 hectolitres de vin au lieu de 100.

De sorte que si le moût est dans son état normal des
bonnes années, j'aurai cent barriques d'excellent vin.

Mais si, par bonheur, l'année est mauvaise, avec le
procédé de M. le docteur Gall, j'aurai cent vingt-quatre
barriques de non moins excellent-vin, puisque j'aurai
rétabli, au moyen d'un peu de sucre et de beaucoup
d'eau, le moût dans son état normal des bonnes années.

Par conséquent, les bonnes années seront les plus mauvaises, et les mauvaises années seront les meilleures.

Seulement la première analyse du moût du Riessling
donnait 75,35 0/0 d'eau et *autres matières* ; or, vous mettez bien du sucre et de l'eau dans votre moût, mais vous
paraissez négliger ces *autres matières*, matière colo-
rante, sels organiques, sels minéraux, etc., qui contribuent à donner au vin sa saveur particulière, ses qualités, je dirai presque personnelles.

— Est-ce que vous croyez, avec vos amalgames, pouvoir substituer votre puissance à la puissance créatrice de Dieu ?

Nous avons la faculté d'analyser, d'apprendre, — apprendre c'est distinguer, — mais là s'arrête notre pouvoir.

Des générations de chercheurs infatigables se sont usés à reconstituer le diamant, un peu de charbon cristallisé.

Il eût été aussi insensé de chercher à refaire une feuille d'arbre.

Donc, le vin de Riessling, dans les mauvaises années, ce n'est plus du vin, c'est une boisson, c'est de l'eau rougie.

A plus forte raison, le vin que l'on commence à fabriquer dans le département de Saône-et-Loire.

On y fait purement et simplement de la multiplication.

Voici le procédé tel qu'il est décrit, dans le *Journal d'agriculture pratique,* par un savant fort distingué à ce qu'on dit, M. Ladrey, professeur de chimie à la faculté des sciences de Dijon :

« L'opération a été faite sur une vendange de pineaux noirs pouvant produire, par les procédés ordinaires, 60 hectolitres de vin.

« Le raisin écrasé dans la cuve a fourni, avant toute fermentation et sans pressurage, 45 hectolitres d'un liquide qui, après fermentation, a donné un vin blanc contenant 12 0/0 d'alcool. On a remplacé ce liquide par 50 hectolitres d'eau sucrée, à raison de 18 kilogrammes par hectolitre. Après trois jours, la fermentation était achevée, et on a tiré 80 hectolitres de vin ; il renfermait 13 0/0 d'alcool.

« On les a remplacés par 55 hectolitres d'eau sucrée à raison de 22 kilogrammes par hectolitre, et, après deux jours de fermentation, on a obtenu la même quantité de vin contenant 15 0/0 d'alcool.

« Dans une troisième opération, on a mis 55 hectolitres d'eau sucrée à raison de 25 kilogrammes par hectolitre. La fermentation a duré un peu moins de deux jours. On a pressé le marc, et on a obtenu 60 hectolitres de vin ; la richesse alcoolique s'élevait à 17 0/0. »

On ne peut pas savoir où s'arrêtera la multiplication. Toute l'eau de la Saône et de la Loire pourrait bien y passer ! et remarquez que plus on s'éloigne du premier pressurage, plus augmentent les quantités des vins arrachés à ce moût intarissable.

Voyons, messieurs les vignerons-chimistes ou les chimistes-vignerons, est-ce bien du vin que vous nous baillez là ?

« *Bonum vinum lætificat cor hominis.* »

Je crois que le vôtre réjouit exclusivement la bourse du vigneron ; le vigneron vend ce vin, mais il ne le boit pas.

C'est tout simple, ce n'est pas du vin. Écoutez M. Ladrey :

« Ces vins sont-ils identiques, pour leur composition, avec les vins naturels ? Évidemment non. Le fait suivant suffit pour le montrer. Supposez un moût naturel, et donnant après la fermentation un vin ayant une certaine richesse alcoolique. Ajoutez au résidu une certaine quantité d'eau sucrée égale au volume de vin que vous avez obtenu, et tellement composée que le nouveau moût ait la même densité que le premier ; la richesse en alcool du second vin sera d'au moins deux degrés au-dessus de celle du vin naturel. Il y avait donc dans le moût naturel quelque chose qui n'était pas dans le moût artificiel, et dont la présence a modifié les phénomènes qui se sont produits pendant la fermentation. »

La question est nettement et catégoriquement tranchée par la réponse de M. Ladrey.

Ceux qui mettent de l'eau sucrée sur leur moût après la première vendange, ne font donc pas du vin, ils allongent leur vin, ils imitent, à ce qu'il paraît, assez fidèlement pour que quelques profanes s'y trompent, le fumet des bons crus, mais ils ne le reproduisent pas.

Donc, ceux qui vendraient ces vins-là pour de vrais vins tromperaient l'acheteur ; il faut qu'ils placent sur leur marchandise une étiquette qui mette le public, qui ne s'y connaît pas, en garde contre l'erreur.

Qu'on annonce ce vin comme *vin multiplié*, *vin de chimiste*, *vin fabriqué*, *vin artificiel*, et personne ne pourra trouver à y reprendre. Mais qu'on ne cherche pas à le vendre pour du vin naturel, il ne l'est pas.

C'est comme dans la Charente : quelques brûleurs se sont imaginé de mettre de l'alcool de betterave dans leur vin, avant la distillation, et ils ont prétendu pouvoir vendre honnêtement l'eau-de-vie qui en résultait pour de la vraie eau-de-vie de Cognac ! Ils vendaient un mélange d'eau-de-vie de betterave et non de l'eau-de-vie de Cognac.

Si je mets 100 grammes de cuivre dans un lingot d'or de 1 kilogramme, je ne vous aurai pas livré 1 kilogramme d'or. Ce lingot ne vaudra pas ce que vaut 1 kilogramme d'or pur.

Mais si vous ne vous en apercevez pas? dit-on. — Qu'importe ! je n'en serai pas moins volé.

Si vous donnez à un enfant qui vient à votre boutique de la toile de coton pour de la toile de fil, et que vous lui fassiez payer, sans qu'il s'en doute, le coton au prix du fil, vous n'en aurez pas moins volé cet enfant innocent.

Ah ! vendez votre eau-de-vie comme eau-de-vie de Cognac et de betterave. Cela vous regarde. Vous déshonorerez vos produits par cette mésalliance, vous tuerez peut-être le commerce de votre pays, mais au moins l'acheteur en prenant votre marchandise, saura ce qu'il fait.

Toutes ces manipulations, surexcitées par les hauts cours des vins et des alcools, ont pour résultat final d'altérer la qualité des produits naturels du sol afin de multiplier ces produits.

On recherche vainement, au milieu des imitations, des multiplications, des falsifications de toute sorte auxquelles est soumise la divine liqueur de Bacchus et de Noé, les salutaires effets d'un vin pur et généreux.

La chimie industrielle a prêté aux tromperies le secours de la science, mais elle reconnaît elle-même son impuissance par l'organe d'un chimiste agricole,

M. Barral, qui écrivait naguère cet aveu catégorique :

« Que les cultivateurs nous en croient, et de la part
« d'un chimiste l'aveu est certainement dépouillé d'ar-
« tifice : la chimie ne sait pas faire de très-bons ali-
« ments ni de très- bonnes liqueurs. ».

Il n'est pas donné à la main débile de l'homme de
refaire l'œuvre de la nature, l'œuvre de Dieu créateur.

§ 2. — Le vol à l'engrais.

Il faut y regarder à deux fois avant d'oser dire les
choses par leur nom, et je suis effrayé de l'audace de
ceux qui se permettent d'appeler « un chat un chat et
Rollet un fripon. »

Un chat n'est pas toujours un chat. Il s'appelle tigre
quelquefois, et, quand il a passé à l'état de tigre, ce qui
était défendu au pauvre petit chat est presque devenu
licite pour le puissant et féroce animal.

Il n'y a pas de peuple qui se paye plus facilement de
mots que le peuple français. Pour nous, le mot est tout,
la chose disparaît sous le mot. Ainsi, depuis qu'on a
honoré la plupart des banqueroutes du nom honnête
de liquidation, on peut gaspiller impunément la fortune
d'autrui.

C'est pourquoi j'en suis à me demander s'il est prudent de crier : Au voleur ! quand on voit les voleurs se
promener tranquillement dans la rue. Et pourtant, de
toutes les soustractions frauduleuses que l'homme
commet au préjudice de son semblable, le vol à l'en-

grais est une des plus déplorables, une des plus nuisibles, non-seulement pour la victime innocente du larron patenté, mais encore pour la société tout entière.

Le blé ne pousse pas en vingt-quatre heures, — je ne dis pas cela pour prouver que je suis un savant, — le blé qu'on a semé en octobre, on le récolte en juillet. Si l'action d'un engrais pouvait se reconnaître du jour au lendemain, l'agriculteur à qui on vend de la tourbe pour du noir animal n'en serait pas moins volé, mais il pourrait reprendre le lendemain l'opération qu'il aurait manquée la veille.

Tandis que le fripon, qui trompe sur la nature et les qualités de l'engrais qu'il vend, frappe de stérilité pour une année entière la production d'un champ. Non content de ruiner le cultivateur confiant, il prive la société d'une partie des aliments destinés à sa consommation.

Le marchand qui met de l'eau dans son vin, ou plutôt dans le vin de ses clients, et qui, de deux barriques, en fait trois, n'est pas précisément un modèle de probité et de vertu, mais, au moins, ne fait-il subir aucune privation à la société ; il augmente tout au plus la consommation de l'eau.

Le marchand qui vend pour un engrais une substance inerte, prive à la fois le cultivateur de sa récolte et la société d'une part de ses richesses.

Le vol à l'engrais est donc le pire de tous les vols, c'est probablement pour cela, en vertu de la grande logique humaine, qu'il est le plus mal réprimé de tous les délits de ce genre.

Nous savons tous « que l'homme n'est pas parfait, »

aussi ne demanderons-nous pas aux effets une perfection que l'on chercherait vainement dans la cause. Cependant, comme nous nous sommes réunis en société pour nous protéger les uns les autres, ce ne serait pas se montrer exigeant que de demander à la loi que nous avons faite de ne pas laisser passer trop souvent les voleurs dans les mailles de ses filets.

Il faut tout dire; si le code pénal se montre impuissant contre certaines fraudes de marchands d'engrais, ce n'est pas la faute de ceux qui l'ont fait. Nos législateurs de 1804 n'étaient point agriculteurs, et l'eussent-ils été, il leur eût été difficile de deviner ce qu'on a découvert après eux.

A cette époque d'enfance de l'art agricole, on ne connaissait guère d'autre engrais que le fumier de ferme.

On ne parlait point de guano et on ne songeait guère à utiliser le noir des raffineries.

Le règne de l'azote et des phosphates n'était pas encore venu.

La chimie, qui commençait seulement à se dégager des limbes de l'alchimie, s'occupait surtout de préciser ses principes et de fixer ses méthodes d'investigation.

Il était rare qu'on vendît ou qu'on achetât du fumier de ferme. Le cultivateur, employant le produit de ses étables, ne songeait pas à se tromper lui-même. Il n'y avait donc pas lieu de prémunir la société contre des agressions qui ne pouvaient exister.

On n'a commencé de s'apercevoir que dans ces derniers temps de l'insuffisance des moyens légaux pour protéger les agriculteurs contre les audacieux fripons qui leur vendaient des balayures d'usines à gaz, de la tourbe, de la terre, du sable, etc., pour de l'engrais. Le cultivateur qui s'en va demander aux marchands du noir animal ou du guano contre de bons et beaux écus, n'a pas toujours un chimiste dans sa poche pour analyser un échantillon et dire ce qu'il contient. Il veut avoir de bonne marchandise; on lui garantit la marchandise excellente et il la paye comme telle. On lui expédie les sacs, il les répand sur la terre, et quelques mois plus tard seulement il s'aperçoit qu'on l'a volé. Découragé par cette lutte inégale contre la mauvaise foi des marchands, l'agriculteur renonce à améliorer son champ et déserte le progrès.

Nous ne cédons pas, en nous faisant l'organe de ces doléances, à un sentiment de misanthropie qui fait voir tout en noir. Le commerce des engrais devient plus important chaque jour, et la sécurité des acheteurs devient une véritable question d'intérêt public.

A Nantes il s'est vendu dans ces dernières années pour plus de cinquante millions de francs de noir de raffinerie mélangé à des charrées, à des poudrettes, à du guano, à des composts, et même à de la tourbe, qui n'a, elle, que la trompeuse apparence d'un engrais.

Aussi est-ce de la Loire-Inférieure qu'est partie la réforme du commerce des engrais.

Un chimiste de Nantes, M. Adolphe Bobierre, qui réunit trois qualités rares, le savoir, la droiture et la fermeté, a été le promoteur des premières mesures destinées à protéger efficacement l'agriculture contre les fourberies du commerce. M. Bobierre, c'est le

Pierre l'Hermite de la croisade entreprise contre les falsificateurs et les fripons.

A son instigation, un laboratoire d'analyses a été ouvert à Nantes. Tous les fabricants ou marchands d'engrais ont été obligés de réunir dans les entrepôts leurs marchandises en tas séparés ; chaque tas est surmonté d'un écriteau portant indication de la composition chimique de la substance mise en vente ; l'écriteau est ainsi rédigé, par exemple :

ENGRAIS.

Phosphate de chaux, 30 0/0.

Le vérificateur des engrais visite les tas quand il lui plaît, prend des échantillons et les analyse. S'ils ne contiennent pas la quantité de matière active indiquée sur l'écriteau, et qui sert de base à la fixation du prix de vente, procès-verbal est dressé.

L'arrêté du préfet de la Loire-Inférieure a été repris par quelques-uns de ses collègues, mais la mesure n'a pas été étendue à toutes les fabriques, à tous les dépôts d'engrais.

A Nantes, grâce à l'activité et au dévouement de M. Bobierre, la fraude a été gênée, mais elle n'a été nulle part suffisamment réprimée.

C'est bien simple : les armes de la répression se brisent dans la main du juge.

Aujourd'hui, le voleur qui crochette votre porte et brise votre secrétaire pour vous prendre quelques louis est considéré, par ses pareils, comme un sot ou un écervelé dont on ne pourra jamais rien tirer de bon.

Il ne faut pas essayer de heurter la loi, il faut savoir tourner la difficulté et côtoyer les textes. On est mal vu au bagne si l'on n'a pas fait son droit.

Les marchands d'engrais falsifiés ont étudié leur code. Ils savent subtiliser sur les choses et les mots aussi bien que le plus habile casuiste de la célèbre Compagnie.

Pour eux, *tromper* un acheteur, c'est *faire une bonne affaire*.

Sur ce point ils n'ont pas de scrupule.

Mais, il y a tromper et tromper ; tromper sur la *nature*, tromper sur la *qualité*.

L'article 423 du Code pénal s'exprime ainsi :

« Quiconque aura trompé l'acheteur sur le titre des matières d'or ou d'argent, sur la qualité d'une pierre fausse vendue pour fine, sur la *nature* de toutes marchandises ; quiconque, par usage de faux poids ou de fausses mesures, aura trompé sur la quantité des choses vendues sera puni d'un emprisonnement pendant trois mois au moins, un an au plus, et d'une amende qui ne pourra excéder le quart des restitutions et dommages-intérêts, ni être au-dessous de 50 fr. »

Or, un marchand qui vendrait purement et simplement de la tourbe pour du noir animal tomberait sous l'application de cet article, car il aurait trompé l'acheteur sur la *nature* de la marchandise.

Mais ces messieurs ne sont pas si naïfs que cela. L'article 423 comportant prison, amende et restitution, leur semble trop rigoureux.

Voici ce qu'ils font.

Au lieu de tromper sur la nature, ils trompent

sur la *qualité*. C'est plus facile et moins périlleux.

Dans un engrais, il y a deux choses : le véhicule de l'engrais, un corps inerte et insignifiant, et l'élément actif, le phosphate de chaux, par exemple. On met en vente, sans désignation de nature, un *engrais* contenant 30 0/0 de phosphate de chaux garantis par l'écriteau. L'analyse officielle démontre que cet engrais ne contient que 10 0/0 de phosphate de chaux.

Le cultivateur qui a acheté de cet engrais a donc été trompé, non point sur la *nature*, qui n'était pas indiquée, mais sur la *qualité* de l'engrais vendu, et le magistrat, tout en déplorant la légalité qui l'y oblige, applique à notre marchand , pour non-observation d'une mesure de police, l'article 471 du Code pénal, qui est ainsi conçu :

« Seront punis d'amende, depuis un franc jusqu'à cinq francs inclusivement, etc., etc., ceux qui auront contrevenu aux réglements légalement faits par l'autorité administrative. »

Celui qui a prélevé, — je me sers d'un mot poli, — 66 0/0 pour une marchandise qu'il n'a pas livrée, et qui s'est ainsi exposé à payer cinq francs d'amende au maximum, s'il est pris, peut, à juste titre, se vanter d'avoir fait une bonne affaire, fût-il même condamné.

S'il place sa conscience dans la balance de son grand livre, il doit être bien satisfait.

Faut-il livrer le malheureux cultivateur sans défense aux griffes de ces spéculateurs tarés ?

Si nos lois sont impuissantes parce qu'elles n'ont

pas été faites en vue d'une industrie nouvelle, faisons d'autres lois.

On se perfectionne pour le mal comme pour le bien, et si les voleurs prennent la route du progrès, il faut prier MM. les gendarmes de la suivre avec eux.

Ah ! vous sautez par-dessus les barrières légales que la société oppose à vos friponneries? Nous élèverons si haut ces barrières qu'elles vous casseront le nez.

L'emploi des engrais employés dans l'agriculture est un fait nouveau ;

Le vol à l'engrais est un délit nouveau.

Faisons une loi nouvelle.

Voici le texte que l'immense majorité des sociétés d'agriculture a proposé au gouvernement, et qui nous a paru remplir toutes les conditions convenables :

« Art. 1er. Toute tromperie sur la nature et la composition quantitative d'un engrais vendu ou mis en vente sera punie des peines portées par l'art. 423 du Code pénal.

« Art. 2. Tout fabricant ou marchand devra, sur chaque espèce d'engrais qu'il expose en vente, placer à demeure une affiche indicative de la richesse chimique de ces engrais.

« Tout fabricant ou marchand d'engrais sera tenu de délivrer à l'acheteur une facture indiquant la nature et les proportions des matières qui constituent ces engrais.

« Art. 3. Les préfets, dans les départements, le préfet de police dans le ressort de sa préfecture, sont autorisés à rendre les arrêtés nécessaires pour l'inspection des fabriques et magasins d'engrais et la vérification, de la nature et de la composition des engrais mis en vente. La dépense de ces inspections et vérifications, si elles sont reconnues utiles par les conseils généraux, sera inscrite parmi les dépenses facultatives du budget départemental.

« Art. 4. Dans le cas de condamnation pour un des délits prévus par l'article 1er de la présente loi, le tribunal pourra ordonner l'affiche du jugement dans les lieux qu'il désignera, et son insertion intégrale ou par extrait dans tous les journaux qu'il indiquera, le tout aux frais du condamné.

« Les deux tiers des amendes prononcées en vertu du même article seront attribués aux départements dans lesquels les délits auront été constatés. »

Ce qui revient à dire :

Les voleurs seront poursuivis et condamnés comme voleurs.

La police pourra surveiller le débit des engrais de même qu'elle surveille le débit des autres denrées ;

Les juges pourront prévenir au besoin les cultivateurs qui passeront devant la porte, de certaines fabriques d'engrais que dans cet établissement il faut tenir la main sur sa poche parce qu'il y a danger d'être volé.

Nous savons qu'il n'est pas facile de faire admettre par une nation aussi intelligente que la nation française des choses de ce calibre-là.

C'est trop évident pour être vrai.

Espérons pourtant qu'un jour viendra où le monde éclairé reconnaîtra que le marchand qui vole cent francs dans la poche de l'acheteur est aussi coupable que l'acheteur qui vole cent francs dans la poche du marchand.

E pur si mueve.

§ 3. — Une invitation à dîner.

« Il y a un moment qui met tout le monde d'accord dans tous les pays ; c'est l'heure du dîner. En ce moment, l'harmonie essentielle que la science économique enseigne se manifeste d'elle-même ; producteurs et consommateurs se confondent. »

J'invoquerai le souvenir de ces paroles d'un économiste d'infiniment d'esprit, M. Léonce de Lavergne, pour vous inviter, lecteur, à dîner avec moi.

Nous sommes tous consommateurs, sinon tous producteurs ; nous avons donc tous le même intérêt à nous occuper des choses qui se mangent. L'heure du dîner est l'heure fugitive de l'harmonie universelle : toutes les opinions se confondent devant le pot-au-feu. Nous profiterons, si vous m'en croyez, de cet instant si rare pour causer de questions excessivement intéressantes, car elles touchent particulièrement aux plus chers de tous nos biens : à la santé.

Donc, mettons-nous à table et dînons.

Votre serviette exhale, en la dépliant, une odeur forte et nauséabonde ; ne vous en occupez pas : à Paris, les blanchisseuses ont substitué l'eau de javelle à la lessive, cette honnête provinciale qui donnait au linge une blancheur éclatante et un si agréable parfum ; l'eau de javelle brûle les tissus qu'elle touche, mais c'est bien plus économique pour la blanchisseuse. Passons sur ce léger inconvénient, et tâchons, en consultant MM. Chevallier, Payen, Bussy et autres chimistes, de dîner sans nous exposer à devenir malades.

— Nous pourrons d'abord manger des huîtres, — on ne les falsifie pas, — les arroser de citron, y ajouter du poivre...

— Pas de poivre. « On fabrique, dit M. Chevallier, un poivre factice avec des graines de navette recouvertes d'une pâte grisâtre composée de farine de seigle, de débris de poivre broyés ou de poudre de moutarde, ou bien encore de piment, puis d'une pâte plus brune formée avec des tourteaux de navette ou de chènevis, épicés avec de la racine de pyrèthre. » Quelquefois on rend le poivre plus lourd en recouvrant la surface du grain d'un mucilage contenant de la céruse, c'est-à-dire un poison... Mais vous vous faites une tartine avec du beurre ; prenez garde, c'est un mets doublement dangereux.

Le beurre est falsifié ; on le mélange avec de la fécule de pommes de terre, des pommes de terre cuites écrasées et passées au travers d'un tamis métallique, du suif de veau, de la craie, du carbonate de plomb et de l'acétate de plomb, qui sont encore des poisons.

Quant au pain, c'est bien pis. Le pain est un aliment de première nécessité ; on consomme plus de pain en France que partout ailleurs, aussi est-il l'objet d'une foule de falsifications diverses. Je ne parlerai pas de l'introduction dans le pain d'une farine moins chère que la farine de froment, comme la farine de seigle, d'orge, de maïs, de haricots, de féverolles, etc. A l'exception des féverolles, qui causent de graves accidents, ces substances ne sont pas malsaines; dans la plupart de ces cas, le boulanger nous vole, mais il ne nous empoisonne pas.

Malheureusement, la sophistication du pain ne s'arrête pas toujours aux substances innocentes. La cupidité n'a pas d'entrailles. On introduit dans le pain les choses les plus étranges et les plus malfaisantes : de la terre de pipe, de la craie, du plâtre, de l'albâtre en poudre, de l'alun, du sulfate de zinc, du sulfate de cuivre, du carbonate d'ammoniaque, du bicarbonate de potasse, du carbonate de magnésie, etc. L'alun, le sulfate de zinc, le sulfate de cuivre, etc., sont des poisons très-violents. On les emploie, il est vrai, en petites quantités, et on a rarement à constater des accidents immédiats chez les personnes qui font usage de ce pain empoisonné. Mais c'est à la longue que se manifestent les effets nuisibles. Plus tard surviennent des altérations organiques, des maladies mystérieuses, des infirmités inattendues, causées par un long empoisonnement. Vous mourez avant l'âge, l'estomac ruiné, parce que votre boulanger a voulu faire du pain blanc avec de la farine de mauvaise qualité.

— Laissons donc le pain; nous mangerons des pommes de terre en robe de chambre, à l'anglaise.

Évitons de demander pour le potage du tapioca. On fait un tapioca factice en projetant de la fécule de pommes de terre imbibée d'eau sur des plaques de cuivre rouge chauffées à 100 degrés. Les grains de fécule humide s'imprègnent quelquefois d'hydrate ou de sous-carbonate de cuivre et deviennent tout simplement un poison. Nous éviterons aussi les potages maigres, parce qu'on y met du beurre, et les potages gras parce qu'on y met du poivre et du sel.

—Comment du sel ! Alors on ne peut rien manger sans courir le risque de s'empoisonner ? on met du sel partout !

— Que voulez-vous que j'y fasse ? Ecoutez M. Chevallier, membre de l'Académie de médecine, professeur à l'École de pharmacie : « Le sel marin a été l'objet de fraudes nombreuses qui, malgré toutes les mesures prises par l'autorité municipale, sont à peine réprimées ; on le falsifie avec le sulfate de chaux, le plâtre cru en poudre, les sels de varech qui renferment des iodures et des bromures, la terre, l'argile, le sablon, le sulfate de soude, le chlorure de potassium, etc., etc. La plupart de ces substances sont des poisons mortels.

Et croyez-vous qu'on se soit arrêté à la falsification du beurre, du pain, du poivre et du sel ? L'infâme sophistication des substances alimentaires a corrompu tout ce qu'il était possible de corrompre.

Tout le monde sait qu'on altère le lait en enlevant la crème et en ajoutant de l'eau. C'est pour dissimuler cette fraude qu'on introduit dans le lait de la farine, de l'amidon, de la fécule, de la dextrine, de la gomme arabique, de la gomme adragante, des blancs d'œufs, du sucre, de la cassonade, de la gélatine d'os, de la colle de poisson, du jus de réglisse, des carottes cuites, etc., drogues fort innocentes, mais qui n'ont rien de commun avec le lait.

On a falsifié l'huile d'olive avec de l'huile d'œillette ou de pavot, avec de l'huile de navette, de faîne ou de sésame, avec de la cire. Ici on vole, mais on n'empoisonne pas.

Pour le vinaigre, c'est différent ; l'empoisonnement et le vol sont intimement liés dans l'honnête exploitation des fabricants de vinaigres falsifiés. L'arsenic, les sels métalliques les plus nuisibles, jouent un grand rôle dans la composition de beaucoup de vinaigres commerciaux. On y trouve de l'acide sulfurique, de l'acide chlorhydrique, de l'acide nitrique, de l'acide tartrique, de l'acide oxalique, des vinaigres de glucose, des vinaigres de bois, des acétates de chaux, etc., c'est-à-dire du poison, du poison, et toujours du poison. Mais la dose en est agréablement doublée lorsqu'on emploie le vinaigre à la conservation des cornichons, que l'on prépare, afin de leur donner une belle couleur verte, dans des bassines de cuivre rouge, non étamées,

Cherchez donc, cher lecteur, dans la carte du restaurateur, dans le menu d'un dîner de famille, un seul plat que la fraude ou la falsification n'ait rendu suspect, et qui ne puisse devenir un hôte meurtrier ou malsain pour votre malheureux estomac.

Voulez-vous demander de la pâtisserie ? Écoutez M. Stanislas Martin, il vous dira que certains pâtissiers emploient de l'arsénite de cuivre à la décoration des pièces montées ; M. Chevallier vous apprendra qu'on se sert d'essence d'amandes amères pour faire mieux lever et feuilleter la pâte ; l'essence d'amandes amères, c'est de l'*acide prussique*, le plus terrible de tous les poisons !

Gardons-nous bien de manger du fromage. Pour soustraire les fromages aux attaques des insectes et les conserver plus longtemps, on les a lavés avec une eau arsénieuse, et vous savez que l'arsenic n'est guère l'ami de l'homme.

Nous pourrions, si le cœur vous en dit, prendre de la confiture de groseilles, où il n'entre pas un atome de groseille. C'est de la gélatine extraite des os qu'on achète, souvent chez l'équarrisseur ; cette gélatine est colorée avec du suc de betterave rouge, aromatisée avec du sirop de framboises, et légèrement sucrée, mais avec quel sucre !

On introduit dans le sucre de la craie, du plâtre, du sable, de la farine et de la glucose, ou sucre de fécule, qui est préparée avec de l'acide sulfurique. Je n'ai pas besoin de vous dire le rôle incommode que joue l'acide sulfurique dans toutes ces abominables préparations.

Il faudra donc bannir de notre cuisine et de notre table le pain, le beurre, le sel, le poivre, l'huile, le vinaigre, les pâtisseries, les confitures, le fromage, le sucre, etc., etc., s'ils n'ont été préalablement étudiés, analysés par un chimiste habile. La cuisine deviendra la succursale du laboratoire.

Si les aliments ont été altérés, falsifiés, empoisonnés par la cupidité des fabricants, les boissons ont subi le même sort. « Un volume entier serait insuffisant pour décrire toutes les falsifications dont les vins ont été l'objet, » dit M. Payen. En effet, jamais aucune substance ne fut soumise à des tripotages plus variés. On falsifiait le vin du temps des Romains. Sous ce rapport, nous n'avons pas dégénéré, et je ne crois pas qu'aucun plébéien de l'antique Rome ait avalé une boisson plus détestable que celle que l'on vend sur le comptoir de certains marchands de vins de Paris.

Dès le treizième siècle, la découverte des arts chimiques, dit M. Chevallier, avait fait ajouter au vin, pour le falsifier, du plomb, du fer et de l'alun. On mêlait de la litharge dans les vins d'Argenteuil pour corriger leur acidité proverbiale. Tout récemment encore, on a saisi, au camp de Compiègne, du vin préparé avec de l'acétate de plomb. Le vigneron fut condamné à l'amende, mais plusieurs soldats faillirent en mourir.

Les plus honnêtes voleurs ajoutent au vin de l'eau, du cidre, du poiré, de l'alcool, du sucre ou de la mélasse ; les *autres* y introduisent des acides tartrique, acétique, tannique (nous sommes en plein dans les poisons), de la craie, du plâtre, de l'alun, du sulfate de fer, du carbonate de potasse ou de soude, des amandes amères ou des feuilles de laurier-cerise, c'est-à-dire de l'acide prussique.

On vend aussi sous le nom de vin un liquide d'où le jus de la treille est rigoureusement exclu. Faites fermenter dans de l'eau des baies de genièvre, des semences de coriandre, du pain de seigle sortant du four et coupé par morceaux : colorez ce liquide avec une infusion de betteraves rouges, et vendez à raison de 90 centimes le litre, voilà tout le secret. Autre secret : Mélangez du vinaigre, du vin de Roussillon et du bois de campêche, et vous obtiendrez du vin de Mâcon première, ou bien faites une mixtion d'eau, d'acide tartrique, de soufre, de potasse, d'essence de framboise et d'un peu de vin quelconque, et vous aurez du vin de Bordeaux;

Vous voyez, lecteur, qu'il vaut beaucoup mieux pour notre santé renoncer aux vins de Bordeaux et de Bourgogne et nous condamner à boire de l'eau, si l'eau est bien filtrée, à moins que vous ne préfériez de la bière faite avec des feuilles et de l'écorce de buis, des fleurs de tilleul, de la gentiane, des têtes de pavot, du bois de gaïac, du jus de réglisse, de la poudre de noix vomique, du sulfate de cuivre et du persulfate de fer.

Préféreriez-vous à l'eau pure de la Seine une infusion de thé? Prenez garde, on vous servira un mélange de feuilles de thé et de feuilles de prunier sauvage, de frêne, de sureau, d'aubépine, d'églantier, d'orme, etc., colorées en vert avec des sels de cuivre si vous voulez du thé vert, ou en noir avec du bois de campêche si vous demandez du thé noir.

Reste le café. Pour le café, l'altération est authentique, pour ainsi dire officielle; elle a pour complices les consommateurs eux-mêmes. L'horrible chicorée tend à détrôner la fève du nouveau monde. Je connais de braves gens qui parviennent à se tromper eux-mêmes en avalant cette affreuse boisson; ils ont découvert que la décoction de chicorée pouvait devenir une boisson rafraîchissante. Savez-vous le tour que les marchands ont joué à ces amateurs de café économique? On a falsifié leur chicorée. Ils se restaurent aujourd'hui avec une infusion de tourbe, de sciure de bois ou de mottes à brûler!

La chicorée, qui a si longtemps servi à falsifier le café, est falsifiée à son tour.

Mais vous êtes un consommateur prudent et madré ; on ne vous fera pas prendre de la chicorée pour du café en poudre ; vous achèterez votre café torréfié, mais non moulu, et vous ferez bien, car on vous servira la composition suivante : café torréfié en poudre, 15 parties ; farines de maïs, de seigle, d'orge, de glands et de blé, 85 parties ; le tout aggloméré en pâte, moulé en grains de café et légèrement torréfié.

Vous achèterez votre café en grains non torréfiés ? On vous vendra des grains moulés en terre glaise, grise ou verdâtre. Les marchands trompeurs seront toujours plus fins que vous.

Et la conclusion de tout ceci ?

J'en conclus que si nous voulons éviter les falsifications et ne point nous exposer à un empoisonnement probable, sinon certain, il faudra nous résigner à dîner avec des huîtres, du citron et des pommes de terre en robe de chambre. Nous pourrons y ajouter un œuf à la coque, si l'œuf est frais.

Parlons sérieusement. Le triste tableau que nous venons de faire serait exagéré si on prenait les choses au pied de la lettre. Nous avons réuni et groupé toutes les fraudes connues afin d'éveiller un peu l'indifférence habituelle des consommateurs.

Il est bien certain que toutes les marchandises de tous les marchands ne sont pas falsifiées ; que toutes les falsifications ne sont pas nuisibles ; mais les sophistications ont pris un tel développement, depuis quelques années, qu'on est véritablement autorisé à se défier, *à priori*, de tout ce que l'on achète.

D'un autre côté, on ne peut s'empêcher de reconnaître les efforts de la commission d'hygiène pour arrêter le mal et le frapper à sa source. Jamais la police n'a été plus vigilante ni plus heureuse dans ses recherches. Elle est impitoyable pour les fraudeurs, et les journaux judiciaires sont remplis du récit des falsifications les plus inattendues; mais chaque jugement nous apporte avec une condamnation nouvelle une nouvelle recette de sophistication. Si encore on ne s'en prenait qu'à notre argent! mais par la force des choses, les fraudeurs sont obligés de passer par notre estomac pour arriver à notre bourse.

Il y a bien encore, je le répète, d'honnêtes négociants qui vendent des substances naturelles, mais la fraude existe sur une échelle qui rend toutes les denrées suspectes. D'ailleurs, au bout de quelque temps, *fraude oblige*, et si mon voisin vend à meilleur marché des substances falsifiées, sous peine de voir bientôt mon comptoir désert, je suis obligé de falsifier comme lui pour baisser les prix comme lui; c'est fatal.

Cependant, nous ne pouvons nous condamner à rester exposés à un empoisonnement indéfini et réaliser, si le mal continue à progresser, les prophéties qui prédisent la fin du monde dans un avenir très-prochain.

Cherchons donc un moyen d'en finir avec les voleurs et les empoisonneurs.

§ 4. — La responsabilité commerciale.

M. Alphonse Karr est le premier qui ait osé lever l'étendard de la révolte contre les sophistiqueurs, falsificateurs, empoisonneurs.

« L'épicier qui vole un consommateur, a-t-il dit, est condamné à l'amende, ou à une prison de quelques jours ; le consommateur qui volerait un épicier serait condamné aux galères.

« L'épicier qui empoisonne un consommateur est condamné à l'amende ; le consommateur qui empoisonnerait un épicier serait infailliblement guillotiné. »

Pourquoi l'épicier aurait-il le privilége, singulier à notre époque, de voler et d'empoisonner impunément ?

La Révolution de 1789 n'a-t-elle pas aboli tous les priviléges, aussi bien pour les épiciers que pour les gentilshommes ?

M. Alphonse Karr voudrait qu'on traitât l'épicier voleur comme un voleur, l'épicier empoisonneur comme un empoisonneur.

Il ne faut pas exiger d'un peuple une dose de logique plus lourde que celle que ses forces lui permettent de supporter.

Le jour où les hommes seront unanimes pour montrer un peu de logique ou de bon sens, les choses de la vie iront bien autrement qu'elles ne vont.

Je ne demanderai pas à mes concitoyens un effort surhumain.

Un chat n'est pas un chat; soit. Mais Rollet est un fripon.

En attendant que le progrès des lumières, comme on dit, permette de reconnaître qu'un voleur est un voleur et que celui qui empoisonne son prochain est un empoisonneur, cherchons un moyen de mettre notre estomac à l'abri de tous les sulfates, nitrates, carbonates malfaisants que les fabricants de denrées alimentaires cherchent à y introduire.

Il y aurait deux sortes de moyens à employer: Les moyens répressifs, c'est-à-dire les gendarmes — ce sont les plus faciles et les moins efficaces — et les moyens préventifs qui consistent en réformes économiques; — ce sont les plus efficaces, mais les moins faciles à appliquer.

La répression n'a pas jusqu'ici produit de merveilleux résultats. Elle ne contribue malheureusement qu'à rassurer des esprits qui veulent, à tout prix, être rassurés: Jamais les poursuites n'ont été si fréquentes; jamais la répression n'a été assurée par d'aussi rigoureuses condamnations, » s'écrie-t-on, après avoir lu la *Gazette des tribunaux*.

On se rendort sur les deux oreilles, tandis que l'épicier, le marchand de vins, sollicités par la lutte d'une concurrence implacable, par le désir ardent de s'enrichir au plus vite, payent leurs amendes, font leur prison et continuent de plus belle leurs impudentes sophistications.

L'amende et même la prison semblent des moyens de répression insuffisants.

Pour moi, je ne demande pas la mort du pécheur et n'ose désirer qu'on envoie ces messieurs aux galères, qu'ils auraient bien méritées. Je me montrerais moins logique et plus doux que mon spirituel confrère ; je voudrais tout simplement qu'on placardât, pendant une année, à l'endroit extérieur le plus apparent de la boutique une large affiche imprimée en gros caractères et encadrée d'une large bande jaune.

Ce placard serait ainsi conçu :

Par jugement du........

M. * * * épicier, rue... n° ...

a été condamné comme voleur et empoisonneur pour avoir vendu du vinaigre FALSIFIÉ ET NUISIBLE.

— « Mais c'est la ruine de votre épicier que vous demandez ! » me dira-t-on. « Vous le déshonorez ; vous ferez déserter sa boutique. »

— Cela ne me regarde pas. Je constate un fait purement et simplement.

— L'épicier a-t-il été condamné ?

— Oui.

— Pour avoir vendu du vinaigre falsifié ?

— Oui.

— Falsifié avec des substances nuisibles ?

— Oui.

— Est-ce qu'en France, la justice n'est pas rendue publiquement, sous les yeux de tout le monde ?

— Eh bien, je n'ajoute rien à ce qui existe, je me contente de donner à un fait public toute la publicité qu'il doit avoir.

Dans l'intérêt de l'épicier qui a volé et même un peu

empoisonné, il faudrait cacher aux intéressés l'arrêt des juges.

Dans l'intérêt du plus grand nombre, dans l'intérêt de ceux qu'on vole et qu'on empoisonne il faudrait, au contraire, donner la plus grande notoriété au crime qu'on a voulu reprimer.

Le choix ne saurait être douteux.

Lorsque vous mettez poliment au bout d'une perche un écriteau. « Il y a des piéges à loup, » à qui s'adresse cet avis ? Pas aux honnêtes gens, je pense, vous ne pouvez pas supposer qu'il leur prenne la fantaisie d'escalader votre mur.

Vous trouvez bon de prévenir messieurs les voleurs et messieurs les assassins afin qu'ils évitent de se casser les jambes et vous trouveriez mauvais qu'on prévînt les honnêtes gens afin qu'ils évitent de se faire détrousser ou empoisonner !

Cela nuirait à la considération de l'épicier condamné. Je ne m'en inquiète guère.

Je me sens plus de compassion pour les volés que pour les voleurs, pour les empoisonnés que pour les empoisonneurs.

Mon affiche, c'est un lampion au bord d'une fosse ouverte, une bouée flottant au-dessus d'un écueil.

Je crie : Casse-cou ! » aux honnêtes gens, tant pis pour les voleurs si ça les ruine.

Les moyens préventifs sont plus difficiles à trouver, plus difficiles à appliquer, mais leur action est beaucoup plus certaine.

Les moyens préventifs sont fournis par les réformes

économiques. Les réformes économiques ne s'imposent pas, on en démontre l'utilité pratique et le public
les admet ou les repousse.

Lorsqu'on examine le phénomène économique de
l'échange, on voit que la marchandise, avant d'arriver
aux mains du consommateur, passe du producteur à
l'entrepositaire, de l'entrepositaire au marchand en
gros, et du marchand en gros au détaillant. A quel moment de ce voyage la substance étrangère ou nuisible
est-elle introduite dans les denrées falsifiées? où se
trouve le joint par où la fraude se glisse ?

Cherchons bien.

Si on se demandait quel est celui du producteur ou
du marchand qui a le plus grand intérêt à falsifier la
marchandise, la question ne serait-elle pas plus facile
à résoudre ?

Ce n'est pas le vigneron qui imagine de faire du vin
sans raisins.

Les marchands de vinaigre d'Orléans, par exemple,
dont la réputation fait la fortune, ont-ils intérêt à nous
vendre de l'acide sulfurique pour du vinaigre ?

Évidemment non. Les poursuites qu'ils intentent tous
les jours, à leurs risques et périls, contre les falsificateurs le prouvent surabondamment.

Les propriétaires d'oliviers ont-ils intérêt à vendre de
l'huile d'œillette pour de l'huile d'olive? les négociants
qui la leur achètent ne s'y laisseraient pas prendre.

On peut tromper un consommateur; on ne trompe
pas un marchand.

Les producteurs sont donc hors de cause.

Dans la plupart des cas la falsification ne provient pas de leur fait.

Les intermédiaires, au contraire, sont poussés à sophistiquer la marchandise pour attirer les clients par l'appât du bon marché ou pour augmenter frauduleusement la somme de leurs bénéfices.

Ce sont donc les intermédiaires qu'il faut réduire à l'impossibilité de nuire. Ils sont les seuls coupables.

Quand un marchand vous dit qu'*il n'est pas dans sa marchandise* et qu'on l'a trompé avant vous, n'en croyez pas un mot.

Ces messieurs ne sont pas aussi simples qu'ils veulent bien en avoir l'air.

Quand ils ne falsifient pas leurs denrées, c'est qu'ils les ont achetées sciemment dans l'état où ils vous les vendent.

Un ancien magistrat (1), que ses hautes fonctions ont appelé pendant quelque temps à surveiller le débit des denrées alimentaires que consomment les Parisiens, a cherché à combattre par la voie préventive les fraudes contre lesquelles sa sollicitude avait échoué lorsqu'il avait dans la main la direction des moyens répressifs.

Procédant à l'aide de l'analyse, il a cru avoir trouvé la solution du problème dans la suppression d'une partie des intermédiaires et dans un fait moral qui doit avoir, en effet, une grande portée, la *responsabilité*.

« Nous qui ne savons pas transiger avec les traditions mauvaises, s'écrie-t-il, nous devons dire aux consom-

____

(1) M. Ducoux, ancien préfet de police.

mateurs : Il dépend de vous de ne plus être dupés, ni dans le prix, ni dans la qualité, ni dans le poids de vos denrées alimentaires. Contre un tel abus nous vous offrons une garantie certaine, et cette garantie, nous allons la rendre évidente en quelques mots. Si vous croyez à l'efficacité du remède que nous proposons, il ne tient qu'à vous de vous guérir du mal qui vous ronge ; veuillez juger, car nous voici au cœur de la question.

« N'est-il pas vrai que *l'irresponsabilité*, ou pour parler clairement l'espoir de l'impunité est la cause la plus ordinaire des délits en matière commerciale ?

« N'est-il pas vrai que si les malfaiteurs qui fraudent tous les jours les vins, les liqueurs, le café, les farines, le sel, le sucre et les autres objets qui servent à l'alimentation étaient obligés d'apposer leurs noms sur les abominables drogues qu'ils débitent, ils renonceraient à leur coupable métier par crainte de la justice ?

« N'est-il pas vrai que dans le commerce des vivres, aussi bien que dans toute industrie, une réputation de probité est indispensable à qui veut parvenir ?

« Et, conséquemment, n'est-il point vrai que le producteur intègre et le marchand loyal ont un intérêt immense à ce que leur nom circule avec leurs marchandises, puisqu'une bonne réputation étend et affermit les affaires ?

« Si tout cela est vrai, le problème à résoudre consiste donc à trouver le moyen de rendre chaque producteur et chaque marchand responsables, l'un de ses produits, l'autre de sa vente. Or, ce moyen nous paraît aussi simple qu'il deviendrait efficace, c'est de ne livrer au consommateur aucune denrée alimentaire, de quelque nature qu'elle soit, sans accompagner la vente d'une marque ou bulletin indiquant, outre le chiffre de la vente, le nom et le pays du producteur, le prix de production, au moment de la vente au consommateur. L'addition des frais de production et des frais de transport et de fisc indiquerait à l'acheteur le bénéfice prélevé par le vendeur pour le couvrir de ses déboursés et rémunérer le travail industriel. »

L'idée paraît bonne, se réalisera-t-elle un jour? Il faut l'espérer; il ne suffit pas d'émettre un vœu, d'exprimer un désir, il faut transporter ce vœu, ce désir dans le domaine des faits.

Il est assez probable que les négociants qui falsifient leur marchandise ne consentiront point pour nos beaux yeux, à s'imposer une charge pareille.

Les y contraindra-t-on par une loi?

Toute atteinte portée, dans les meilleures intentions du monde, à la liberté commerciale tourne à mal et cause des maux plus grands que ceux qu'elle voulait prévenir.

Espérer que le public s'entende pour exiger ce bulletin serait rêver une chose impossible.

Nous sommes les esclaves de ceux qui nous volent.

Aussi, l'auteur du projet avait-il prévu ces difficultés. Il créait une *Société alimentaire de Paris*, achetant directement du producteur et revendant en gros ou en demi-gros à des succursales établies dans les différents quartiers ou aux marchands eux-mêmes.

Les consommateurs prudents auraient le soin de

s'approvisionner aux comptoirs de la Société ou d'exiger de leurs fournisseurs habituels le certificat d'origine.

Les autres continueraient à servir de pâture aux voleurs et aux empoisonneurs.

Ce serait le plus grand nombre.

Dans les questions de ce genre, le public montre un adorable désintéressement ; il trouve une foule d'excellentes raisons pour maintenir les abus que le temps a consacrés et dédaigner les réformes logiques que l'expérience indique.

On crie après les voleurs, et on va se faire voler.

On maudit les empoisonneurs, et on ne saurait faire un pas pour leur échapper.

Ceux qui vivent des abus ont le verbe insolent et parlent plus haut que ceux qui en souffrent.

Ils sont les moins nombreux, mais ils sont les plus audacieux et leur audace supplée à la force qu'ils n'ont pas.

Aussi lorsqu'une voix honnête et convaincue ose s'élever de la foule et crier : « Au voleur ! » elle est bientôt étouffée par les clameurs des fripons ameutés.

On dit : « C'est un rêveur. »

Et la foule applaudit.

Si l'honnête homme convaincu ose encore élever sa voix et avoir raison contre ses adversaires,

On le bâillonne.

Il est probable que le projet dont je viens de parler aura le sort de bien des velléités de ce genre.

On ne s'en occupe déjà plus.

Je fais des vœux pour qu'une main puissante relève l'idée et lui fasse faire son chemin dans le monde.

Dans tous les cas, si je suis condamné par l'apathie du public, à subir pendant des années encore l'empoisonnement continu, j'aurai au moins la satisfaction d'avoir cherché à contribuer, dans la mesure de mes forces, à faire chasser du temple les marchands voleurs et empoisonneurs.

Et j'aurai acquis quelques droits à l'estime des négociants honnêtes, victimes d'une concurrence déloyale, qui font passer le soin de leur honneur avant celui de leur fortune.

CHAPITRE XXII ET DERNIER

UNE EXCURSION EN BRETAGNE.

<hr>

§ 1. — La culture des huîtres.

On dit que les huîtres vont bientôt manquer à Paris. Est-ce possible ? Dans une ville qui compte plus de quinze cent mille âmes ! Les pêcheurs de la côte le disent, et les faits le prouvent, malheureusement.

Ce serait une grande calamité pour les Parisiens s'ils ne pouvaient plus s'ouvrir l'appétit avec quelques douzaines d'huîtres, — on n'en pêche pas sur les bords de la Seine ! — Mais le mal serait encore bien plus grand pour les braves pêcheurs de nos côtes et pour la marine de notre pays.

Je ne me sens pas très-disposé à m'attendrir sur le sort de ceux qui ne pourraient pas avoir d'huîtres à leur dîner ; ce poisson testacé, comme disent les savants, peut bien être à bon droit considéré comme objet de luxe, — et le luxe n'est pas indispensable à la vie ; — mais le luxe du consommateur, c'est quelquefois le pain du producteur. Or qui est-ce qui produit l'huître que le bon Dieu multiplie dans nos baies ? C'est celui qui la pêche.

Voilà au moins un luxe de bon aloi.

Il faut voir le progrès qu'a fait l'industrie des écaillères depuis cinquante ans ! En 1804, Paris consommait 17,164,800 huîtres de toute espèce. Depuis cette époque, Paris a grandi, et l'huître s'y est multipliée. En 1853, nous en avons avalé 72,514,655 ! savoir : 70,876,825 huîtres de la Manche (Cancale, Granville, etc.), 1,263,430 huîtres d'Ostende, et 374,400 huîtres vertes de Marennes.

Savez-vous ce que ces chiffres représentent en argent, c'est-à-dire en salaires pour les pêcheurs, pour les colporteurs, pour les revendeurs ? Le cent d'huîtres de Cancale vaut à Paris 2 fr. 19 c. ; le cent d'Ostende, 3 fr. 96 c. ; le cent de Marennes, 5 fr. 45 c. Ajoutez à la consommation de Paris la consommation de la province, et vous arriverez à une fort jolie somme, qui sera perdue pour toute une population de travailleurs si les huîtres viennent à manquer.

Eh bien ! si l'on n'y prend garde, dans quelque temps d'ici les huîtres disparaîtront de nos côtes.

A la Rochelle, à Marennes, à Rochefort, aux îles de Ré et d'Oleron, sur vingt-trois bancs, dix-huit sont complétement ruinés ; les autres commencent à être envahis par les moules ; les moules détruisent les huîtres, comme les lapins tuent les lièvres, comme les mauvaises herbes tuent le blé. On est obligé d'aller pêcher à grands frais sur les côtes de l'Angleterre.

A Granville, à Cancale, — je pourrais dire non pas

la terre, mais la mer classique des huîtres, — à force de soins on rend la décadence moins rapide, mais la perte des bancs à une époque plus ou moins éloignée paraît certaine.

Dans la rade de Brest et à l'embouchure des rivières de Bretagne, ces coquillages s'en vont, moins vite peut-être, pourtant ils s'en vont.

Enfin, à Saint-Brieuc, dans cette baie magnifique, on aperçoit quelques barques tristement échouées, derniers vestiges de l'ancienne splendeur maritime de ces côtes. La baie de Saint-Brieuc comptait autrefois quinze bancs d'huîtres. Du 1er octobre au 1er avril, 1,400, marins, montant plus de 200 bateaux, exploitaient cette mine féconde avant de s'embarquer au port du Légné ou à Saint-Malo pour la pêche de la morue.

Aujourd'hui il reste trois bancs, dont les coquillages clair-semés pourraient être raflés en quelques jours par une vingtaine de bateaux.

Les huîtres ont disparu, la misère est venue, et les marins, désertant l'inscription maritime, ont passé dans l'armée de terre ou émigré vers l'intérieur.

La France a besoin de matelots; ses frontières, sur une immense étendue, sont limitées par deux mers, et les marins lui feraient défaut ! Ce n'est pas possible.

Je comprends que le gouvernement protége la marine et cherche à développer notre commerce extérieur afin de multiplier le nombre des marins. Il ne faudrait pas cependant, dans un excès de zèle, appauvrir les habitants de la terre pour enrichir les hôtes de la mer, et faire payer à la consommation intérieure la prime qui doit encourager le commerce des transports maritimes. Ce serait peut-être pousser un peu loin la protection équitable que la société doit à tous ses membres que de s'exposer à blesser l'un pour guérir l'autre. Les mesures de ce genre sont contestées ; mais voici un moyen qu'il ne viendra à l'esprit de personne de critiquer, je suppose : développer notre population maritime en développant la richesse de nos pêcheries.

Quand un cultivateur a dépouillé son champ et sa récolte, il le laboure et l'ensemence de nouveau.

Pourquoi ne labourerions-nous pas les flots abrités de nos baies et n'y sèmerions-nous pas des poissons ?

Il y a quelques jours à peine, la population qui peuple les côtes de la baie de Saint-Brieuc a vu, ce qui s'appelle vu, un vapeur de l'État, battant pavillon tricolore, labourer les flots de l'Océan comme une charrue qui trace un sillon, répandant derrière lui, de distance en distance, des huîtres vivantes destinées à repeupler les eaux désertes de cette baie magnifique.

On labourera et on cultivera bientôt l'Océan comme on laboure et comme on cultive un champ de blé.

C'est la France qui a tracé le premier sillon.

On a répandu, dans la baie de Saint-Brieuc, 5 millions d'huîtres pêchées par des bateaux de l'État dans la mer commune.

Neuf bancs ont été créés : trois bancs sont placés dans la rade de Portrieux, presque parallèlement à la côte ; deux en face du port de Binic, dans une direction presque semblable ; un petit banc situé au centre de la baie, fait face à la pleine mer; trois autres bancs immenses longent l'autre côté de la baie et s'étendent jusqu'au cap d'Erqui.

Le frai commence, et, dans deux ou trois années, les bancs seront complétement empoissonnés.

La pisciculture est un art dont l'application toute récente a excité bien des incrédulités. On a nié la pisciculture comme on a nié la vapeur, comme on a nié les chemins de fer, comme on a nié les prodiges de l'électricité, comme on a nié la forme et la marche du globe.

Les incrédules sont les parrains naturels de toutes les grandes découvertes.

Puis, lorsque l'idée a grandi, lorsqu'elle a péniblement conquis le droit de vivre, viennent les détracteurs.

La pisciculture a passé par toutes ces phases, et elle est sortie victorieuse des dures épreuves qui attendent sur le seuil de la vie les hommes et les idées.

On n'avait cultivé jusqu'ici que les poissons d'eau douce, et la pisciculture n'était pas sortie du domaine de l'industrie privée. Elle s'apprête aujourd'hui à conquérir les mers. Comme la mer fait partie de la propriété commune, qu'elle appartient à tous et à personne, c'est l'État qui s'est chargé de la féconder.

Les travaux de Saint-Brieuc sont dirigés par M. Coste, membre de l'Institut. Cette tâche revenait naturellement au savant professeur d'embryogénie du Collège de France, dont les précieux travaux ont conduit la science nouvelle au point où elle est parvenue. Activement secondé par M. le commissaire de la marine de Saint-Brieuc, M. Coste a pris toutes les dispositions nécessaires pour assurer à cet important essai toutes les conditions de succès.

Les bancs, exactement tracés sur une carte marine, avec des points de repère sur la côte, ont été placés de façon qu'ils fussent abrités par les nombreux récifs qui se trouvent dans la baie.

Dieu a créé notre globe en vue de l'humanité. Il a donné aux poissons des moyens indéfinis de se reproduire; mais il a placé en même temps, auprès d'eux, des éléments nombreux de destruction, afin qu'ils pussent se maintenir dans de justes proportions, en attendant qu'il plût à l'homme de chercher et de trouver. Or, si l'homme veut pêcher et consommer ces poissons, et qu'il les laisse dans les conditions où les a relégués à dessein le Créateur, il aura bientôt épuisé les ressources précieuses placées sous sa main.

Le devoir de l'homme est donc de combattre les éléments de destruction qui empêchent certains poissons de pulluler et de se reproduire indéfiniment.

L'huître est hermaphrodite, — comme la plupart des fleurs de nos jardins. — Le rapprochement des sexes n'est pas nécessaire pour assurer sa reproduction, et une huître produit chaque année deux millions de petits !

Mais, si la mère ne trouve pas autour d'elle des coquillages, des branches, des rochers, un abri pour que le naissain puisse s'y attacher et grandir, la vague, qui balaye sans cesse sa couche nuptiale, enlève et détruit à chaque instant des millions d'enfants avortés.

M. Coste a songé à diminuer, sinon à détruire les éléments de destruction qui limitent d'une façon exagérée la multiplication des huîtres. On a observé que, dans les conditions ordinaires de la nature, sur deux millions de petits, une douzaine seulement étaient sauvés de la destruction. Des fascines, des clayonnages formés de branchages, revêtus de leur écorce et retenus par d'énormes pierres, ont été descendus au fond de l'eau sur les bancs abrités. On y a ajouté des chargements énormes de coquilles vides, répandues çà et là.

Le frai des huîtres sortant du sein de la mère s'arrêtera sur ces branches, sur ces coquillages, et s'y fixera. Quand le naissain aura atteint un développement suffisant, on draguera le fond du banc, on enlèvera le clayonnage pour le transporter un peu plus loin, et les jeunes huîtres détachées rouleront sur le sable de la mer comme le blé du semoir tombe sur une terre bien préparée.

Quand je vous disais qu'on va labourer la mer comme on laboure un champ de blé !

Deux marins pourvus des appareils à plonger qu'on a pu voir à l'exposition de 1855, et remorqués par un bateau, se promènent au fond de la mer, visitent les bancs artificiels, s'assurent si les éléments de destruction sont suffisamment combattus, déplacent les clayonnages, préviennent les envahissements limoneux et signalent la présence des moules.

Si les bancs s'épuisent malgré ces précautions, on renouvellera la semence afin de renouveler la récolte.

Pourquoi les navires de l'État chargés de croiser le long des côtes pour protéger la pêche contre les pêcheurs anglais et contre les braconniers français n'utiliseraient-ils pas leur navigation en draguant chaque année, dans la mer commune, les huîtres destinées à la reproduction? Ne voyez-vous pas, à l'époque des moissons, des pelotons de soldats déposer le fusil pour prendre la faucille, et former une armée pacifique et joyeuse pour venir en aide au cultivateur abandonné? Nous avons le soldat laboureur, pourquoi n'aurions-nous pas la marine agricole?

La ponte des huîtres a lieu en mai, juin, juillet et août; en septembre tout est fini. Les règlements ne permettent la pêche qu'à partir du 1er octobre jusqu'au mois d'avril; c'est peut-être un tort : il ne faut pas si longtemps pour faire la pêche : février, mars et avril suffiraient, et, d'octobre à janvier, les jeunes huîtres attachées aux coquilles de leur mère ou de leurs voisines auraient eu le temps de grandir, de se détacher et de prendre place parmi les coquillages que les pêcheurs sont obligés de rejeter à la mer.

Voilà ce que j'ai vu à Saint-Brieuc. J'étais allé visiter les cultures de la terre, et le hasard a voulu que je pusse visiter en même temps les premières cultures de la mer.

Saint Brieuc, mai 1858.

§ 2. — La pêche des sardines.

On m'a reproché d'être sorti de mes attributions agricoles lorsque j'ai raconté les semailles d'huîtres de la baie de Saint-Brieuc. Il paraît que les huîtres ne rentrent pas dans l'agriculture. J'ai à parler des sardines aujourd'hui ; cette fois, je ne sors pas de mes études habituelles. Il y a de l'agriculture là-dessous.

Je suis au Croisic où l'on prend des bains de mer ; je ne puis guère m'empêcher de voir ce qui se passe autour de moi. Or, tout le monde pêche au Croisic, et ceux qui ne vont pas à la mer vivent de la pêche des autres, comme cela se fait partout.

Le Croisic est une petite ville du département de la Loire-Inférieure, tout au bout du chemin de fer d'Orléans. La ville est bâtie sur une pointe de terre, — je devrais dire de sable, — qui se prolonge dans la mer ; elle a poussé audacieusement sa dernière maison, — le charmant hôtel de M. Deslandes, — jusqu'au milieu de l'Océan. Figurez-vous une longue rue, entre deux eaux.

Ce n'est pas seulement cela qui me plaît au Croisic, c'est cette baie immense qui commence à la pointe du Croisic pour finir vers l'embouchure de la Vilaine. Cette côte, qui a bien près de quarante kilomètres de développement, et qu'on peut embrasser d'un seul coup d'œil, est parsemée de marais salants, de raffineries de sel et de confiseries de sardines.

Les confiseries fabriquent ce que nous appelons « les sardines à l'huile. »

Il y a une Bourse au Croisic comme à Paris ; la marchandise hausse ou baisse de 50 0/0 et plus en quelques heures, et ce jeu de bascule recommence infailliblement tous les jours. Voici pourquoi : la sardine prise par les ouïes dans les filets du pêcheur meurt en voyant le jour. Elle se gâte très-vite. Il faut donc qu'elle soit vendue, salée, expédiée très-rapidement. Comme on ne sait jamais si la pêche sera bonne ou mauvaise, ce n'est pas toujours le meilleur pêcheur, mais le meilleur voilier qui gagne le plus. Les gens exercés reconnaissent rien qu'aux allures des bateaux qui rentrent, le succès ou l'insuccès de la pêche. Quand la sardine est abondante, les chaloupes serrent le vent au plus près et se pressent pour rentrer au port comme s'il s'agissait d'une régate. « C'est bon signe, dit-on dans le pays, les bateaux font la course. »

Les premières sardines débarquées se vendent 10 à 12 fr. le mille, quelquefois plus. Les sauniers du bourg de Batz, du Pouliguen et d'ailleurs les attendent avec leurs voitures tout attelées. On jette les sardines sur des nattes en plein air ; des femmes les rangent lestement dans des mannes d'osier en les saupoudrant avec du sel blanc, du sel de table. En quelques minutes, les mannes sont remplies, les voitures chargées, et l'on part au galop pour porter dans les villes du voisinage les *sardines fraîches*.

Les sardines fraîches sont toujours salées.

Après les sauniers vient le tour des confiseurs. Ceux-là achètent plus tard et moins cher. Les bateaux s'accumulent dans le port, l'offre de la sardine s'accroît à chaque instant ; si les confiseurs sont prudents, — et ils le sont, — la marchandise baisse, parce que le pêcheur est obligé de la vendre bien vite afin qu'elle ne se gâte pas. On a donc pour 5 ou 6 francs, à la fin de la journée, ce qu'on eût payé 12 et 15 francs quelques heures auparavant.

Le confiseur enlève la sardine, lui fait passer cinq ou six heures dans le sel, la lave dans l'eau de mer, lui coupe la tête et la vide, — c'est le travail le plus long, — puis on la dispose sur un gril de fil de fer pour la faire sécher d'abord au soleil et ensuite la faire cuire dans le four. On a des fours où sept mille sardines cuisent en dix minutes. On fait refroidir les sardines, puis des jeunes filles, assises autour d'une longue table, les rangent dans des boîtes de fer-blanc ; la boîte passe sous un robinet qui verse de l'huile d'olive ; elle est ensuite enlevée et livrée à l'atelier des ferblantiers qui soudent le couvercle. Enfin, les boîtes, entassées dans une manne en fer, sont plongées dans une chaudière d'eau bouillante où elles restent environ trois quarts d'heures, et tout est dit.

La pêche de la sardine dure trois ou quatre mois ; la confiserie ne dure pas davantage. Il faut dans ce court espace de temps approvisionner de sardines à l'huile le monde entier et pour toute l'année. Et puis, la marchandise n'attend pas ; si vous la négligez tant soit peu, elle se gâte. Mais les bras manquent ; les villages de ces côtes ne sont pas populeux. Les hommes sont à la pêche, à la guerre ou dans les marais salants; il ne reste que les femmes. Les femmes parlent beaucoup, crient beaucoup, chantent beaucoup, mais ne travaillent guère. Elles gagnent 1 fr. 25 c. par jour pour un travail peu fatigant, et on n'en trouverait pas tant qu'on en voudrait. C'est pourquoi les confiseurs recherchent avec ardeur tous les moyens d'économiser la main-d'œuvre et de donner plus de rapidité au travail.

Si l'homme n'avait ni froid, ni faim, ni soif, croyez-vous que l'humanité fît de grands progrès ? Je suis sûr que dans le paradis terrestre les enfants d'Adam n'auraient jamais inventé ni le biberon ni les chemins de fer. Les hommes de talent et de génie sont rares parmi les gens qui ont cent mille livres de rente : — quand on est riche, on s'amuse et on ne travaille pas ; c'est parce qu'on ne travaille pas que ni le génie ni le talent ne se révèlent ; — les riches ne sont pas plus bêtes que d'autres. — On dit que la faim est mauvaise conseillère, *malesuada fames*. La nécessité a inspiré bien plus d'heureuses idées que la faim n'a donné de mauvais conseils.

J'en ai une bonne preuve au Croisic. Je vous parlais d'un four qui peut cuire sept mille sardines en dix minutes. C'est la nécessité qui a inventé cet ingénieux appareil par l'intermédiaire d'un contre-maître de confiserie, M. Civel, un artiste mécanicien, modeste, ignoré, qui a fait deux chefs-d'œuvre avant trente ans : il y a là de quoi remplir la vie d'un homme. Son four à compartiments, chauffé par un seul foyer, alimenté de sardines par des trains de chemin de fer, est si simple que l'on se demande pourquoi tout le monde n'a pas trouvé cela. Seulement, avant lui, personne n'y avait songé.

Je vous ai dit que le travail le plus long de la confiserie consistait à couper la tête des sardines et à les vider. Pour apprêter 60,000 sardines dans une journée, il faut quarante femmes au moins. Les quarante femmes sont difficiles à trouver dans un petit pays où tout le monde est occupé dans ce temps-ci. Les femmes des pêcheurs préparent le dîner de leur mari, — et la mer donne un si bon appétit ! — les autres, la jupe retroussée jusqu'au genou, coiffées comme les statues de Memnon, la taille cambrée, les pieds nus, la langue déliée, chargent le sel dans les navires du port. Ne les regardez pas trop près si vous ne voulez pas recevoir une bordée de joyeux quolibets.

Donc les bourreaux manquent pour décapiter les sardines.

M. Civel a inventé une ingénieuse machine afin de remplacer les bourreaux. Une ouvrière pour tourner la roue, qu'un enfant ferait mouvoir, deux femmes pour placer les victimes sur un disque en fer garni de petites loges, et on expédie facilement 60,000 sardines en un jour. La tête est coupée, le corps est vidé, la sardine est rejetée dans le fatal panier sans que personne s'en mêle. Il y a là dedans une combinaison de mouvements admirable, une régularité parfaite et une promptitude merveilleuse. En voyant cet appareil, dont les organes habilement combinés rappellent la souplesse de la main humaine, on se demande où la mécanique pourra donc s'arrêter. Ne se trouvera-t-il pas un jour un M. Civel qui inventera un appareil pour trousser un poulet,

le mettre à la broche, le faire cuire et le découper ?
Nous avons la machine à écrire, qui est l'imprimerie ;
on trouvera bien un jour un appareil à produire des
idées sans le secours du cerveau humain. Ce serait un
grand pas.

Mais, me demanderez-vous, quel rapport peuvent
avoir les capilotades de sardines avec l'agriculture ?
Vous allez voir.

Pour mettre les sardines dans les boîtes de fer-blanc
où elles se conservent, on les décapite et on leur arra-
che les entrailles. Autrefois les têtes et les entrailles
étaient jetées à la mer. Que d'excellentes choses sont
perdues faute de savoir trouver leur emploi ! Les plus
savants d'entre les hommes sont encore bien ignorants ;
ça me console un peu de n'être pas rangé dans la catégorie des savants, qui ne sont savants que parce qu'ils
sont moins ignorants que nous. On jetait à la mer les
têtes et les entrailles des sardines, parce que la science
n'avait pas encore révélé que c'était un précieux engrais,
l'un des plus énergiques. Or, un cultivateur de la côte, —
son nom est demeuré inconnu, — qui n'était pas savant du tout, mais qui n'était pas bête non plus, ima-
gina un beau jour, — il n'y a pas longtemps, — de répandre des têtes de sardines sur ses champs de blé.
Il n'en fallut pas davantage pour doubler et presque
tripler sa récolte.

Les agriculteurs sont ainsi faits, — et les autres
hommes leur ressemblent ; — les bonnes idées sont
celles qu'on adopte les dernières. Ah ! si on leur disait
qu'en dessinant une figure cabalistique sur le pied d'un

malade, avec le doigt mouillé de salive, on guérit in-stantanément une foulure, vous trouveriez plutôt dix croyants qu'un incrédule. Et la vertu des herbes cou-pées à l'heure de minuit, pendant la pleine lune, à la bonne heure ! mais prétendre que l'engrais fait pousser le blé, allons donc !

On imita peu ou point l'audacieux novateur qui dou-blait son revenu en ramassant ce que les autres je-taient.

Sur ces entrefaites, un négociant de Paris fut appelé au Croisic pour des affaires particulières. Comme il n'était ni agriculteur ni savant, mais un homme intel-ligent et ayant du coup d'œil, il devina la richesse des têtes de sardines. Il acheta, en face de la ville du Croisic, de l'autre côté du port, une petite maison bâtie sur une butte de sable ; il paya la butte de sable et la maison et se trouva chez lui, mais tout à fait chez lui. Il faut, pour aller le trouver, faire deux lieues à travers les sables des dunes ou passer la mer.

La mer qui le sépare des indiscrets et le dispense du *commodo vel incommodo,* le met en relation avec la France, avec le monde entier.

Derrière la petite maison s'éleva bientôt une vaste usine, dirigée par un homme actif et vigilant. Un môle servit aux déchargements ou aux chargements, et bientôt les cheminées de Pen-bron, fumant nuit et jour, entretinrent l'horrible cuisine d'où sort le beau pain blanc que vous mangez.

L'engrais de Pen-bron, fabriqué par M. Laureau, a pour base les têtes de sardines, les débris de poissons de toutes sortes que les pêcheurs apportent à l'usine lorsqu'ils ne trouvent pas à les vendre à la consommation. Les marmites, qui peuvent contenir plusieurs chevaux, sont alimentées par tous les animaux estropiés et toutes les vieilles rosses du voisinage, — et elles ne manquent pas. C'est, avec le guano, un des engrais les plus actifs et les plus faciles à transporter. L'analyse de cet engrais donne les résultats suivants :

Eau	29,95
Matières organiques azotées	39,74
Sulfate de chaux.	0,58
Sulfates alcalins (soude et potasse). . .	0,40
Chlorure de sodium (ou sel marin). . .	8,00
Phosphate de chaux.	6,06
Carbonates alcalins (soude et potasse) . .	1,34
Carbonate de chaux.	1,63
Carbonate de magnésie.	1,27
Sable et argile.	11,03
Total.. . . .	100,00

On l'emploie, pour les céréales, à raison de 600 kilogr. environ par hectare, moitié au moment des semailles, moitié en couvertures au printemps.

Vous voyez qu'il n'y a rien à négliger en ce monde ; il s'agit seulement de trouver aux choses leur emploi.

M. Laureau a compris le parti que l'on pourrait tirer des déchets de sardines, et il a rendu un grand service à l'agriculture en composant un engrais nouveau avec des éléments renouvelés chaque jour par les forces vivantes de la nature. Croyez-vous que si M. Laureau avait eu quelques centaines de mille louis de rente à manger chaque année dans un splendide hôtel ou dans un château princier, il se fût occupé de l'utilisation des cervelles de sardines? La gloire enfante des héros, mais rarement des industriels. On peut se faire tuer pour un bout de ruban ou pour une épaulette, mais on ne s'amuse pas à inventer un engrais à seule fin d'être rangé parmi les bienfaiteurs de l'humanité. C'est dans l'ordre des choses, et Dieu, qui a voulu que nous nous élevassions jusqu'à lui par le travail, nous a gratifiés de la faim, de la soif et du froid :

« Os homini sublime dedit cœlumque tueri
Jussit. »

Mais tout en nous donnant une face sublime et un regard dirigé vers le ciel, il nous a aussi donné un estomac exigeant et une peau dépourvue de poils. C'est ce qui fait que nous sommes obligés de travailler pour gagner notre pain quotidien et acheter des crinolines à nos femmes.

Le Croisic, août 1858.

§ 3. — Les paludiers de l'Ile de Batz.

Je viens d'assister aux noces de M. Legall, un Breton de la vieille Gaule, qui exerce la profession de *paludier* dans le bourg de Saillé, où tout le monde est paludier. — On appelle paludiers ceux qui cultivent les marais salants. — Vous vous seriez cru transporté tout à coup au temps de Louis XIII. Saillé porte à peu près le même costume traditionnel que le bourg de Batz, son voisin ; seulement les couleurs sont plus éclatantes, et l'or est répandu avec plus de profusion sur l'habit des femmes.

Les hommes ont un chapeau à larges bords, orné de ganses de velours et de chenilles à couleurs vives. Un des bords du chapeau est relevé en forme de corne. Les filles à marier ont des jupons en laine blanche, bordés d'un large velours noir; les femmes mariées ont seules le droit de porter la grande plaque de drap d'or, roide et plissée, qui abrite leur poitrine et va de la taille jusqu'au menton, comme les hommes mariés ont seuls le privilége de porter le chapeau relevé sur le front.

Dans ce petit pays séparé du reste du monde par des montagnes de sable et par la mer, on a pieusement conservé les maisons, les meubles, les costumes et les coutumes du dix-septième siècle. Lorsque la noce parcourait les rues du village, le verre à la main, pour promener avec une naïve ostentation les tartes et les gâteaux du dessert, l'illusion eût été complète, si les baigneurs accourus du Croisic, n'avaient apporté au milieu de la fête quelques innocents paletots et une vingtaine de vastes crinolines.

On dit que le peuple français est un peuple frivole, léger, incapable de la moindre persévérance. Les baigneurs du Croisic sont bien la preuve du contraire. C'est une réunion d'élite; elle a été triée parmi les braves des braves, par un tyran patenté et commissionné, qui trône à Guérande sur le siége d'une diligence. Il est plus aisé d'aller de Paris à Saint-Nazaire que de Saint-Nazaire au Croisic, et de faire les 125 premières lieues que les 8 dernières. Il faut avoir apporté de chez soi la triple cuirasse d'airain dont parle Horace pour essayer de conquérir la toison d'or que défend le dragon de Guérande.

Tous mes compagnons de voyage appartenaient donc à la famille de Jason.

Les paludiers de l'île de Batz se marient invariablement entre eux. Chercher une femme ou un mari à l'étranger — l'étranger commence à la porte du dernier village du pays de Batz, — est considéré comme un déshonneur.

La tradition rapporte que la pointe de terre où se trouvent le Croisic, le bourg de Batz, Saillé, etc., formait autrefois une île, ce qui fait que pendant des siècles on a appelé ce pays l'île de Batz, alors même que ce n'était plus une île.

Cette île, selon Strabon, était habitée par des femmes samnites vouées au culte de Bacchus. — Le culte de Bacchus, sous la simple forme des libations de vin blanc, s'est religieusement continué dans le pays. — Ces dames cultivaient exclusivement les marais salants, et il était formellement interdit à leurs maris de pénétrer dans l'île sous peine de mort. Leurs sages époux habitaient, avec les enfants, de l'autre côté du détroit et se trouvaient bien heureux de recevoir leur belle moitié lorsqu'il plaisait à celle-ci de leur rendre visite. C'est un usage qui s'est perdu.

Chaque année, les *habitantes* de l'île de Batz détruisaient le toit de leur temple et le reconstruisaient le même jour. On n'a jamais su au juste pourquoi. Si l'une d'elles, chargée des matériaux destinés à ce travail, les laissait tomber, ses compagnes la saisissaient, et, dans leur folie furieuse, déchiraient son corps, dont on promenait les lambeaux autour du temple, au milieu d'horribles cris de joie.

Je dois encore à la vérité de dire que ces mœurs féroces ne se sont perpétuées ni au Croisic, ni au bourg de Batz, ni ailleurs. Cependant, il n'y a guère qu'une soixantaine d'années, le 13 août, au lever du soleil, les femmes du Croisic, se tenant toutes par la main, dansaient en poussant de grands cris autour d'une pierre antique située près de la chapelle de Saint-Goustan, et consacrée, avant le christianisme, aux fêtes lascives d'Hirmen. Aujourd'hui encore, les jeunes filles, armées d'épingles, vont consulter saint Goustan pour savoir si elles se marieront dans l'année. On prétend que les consultations du bon saint sont très-suivies.

Vous voyez, monsieur mon lecteur, que les marais salants de ce pays-ci remontent à une haute antiquité.

Le sel, que j'appellerai tout simplement sel de cuisine, mais que les savants ont honoré des noms de *chlorure de sodium*, *muriate de soude*, etc., peut provenir de trois sources différentes : les mines où l'on trouve le sel gemme à l'état de cristaux, les sources ou les puits d'eau salée, et enfin l'eau de la mer qui produit le sel marin.

Le sel marin se recueille dans les marais salants. Cette exploitation a été de tous temps l'unique richesse de l'île de Batz, et elle fait encore, avec la pêche de sardines, la prospérité du port et de la ville du Croisic.

Il est vrai que, depuis quelques années, les oisifs des grandes villes ont été attirés par une belle plage, par l'accueil d'une population bienveillante et pas trop rapace, par les charmes d'un établissement fort agréable où tous les soirs la voix mélodieuse de quelques artistes parisiens se mêle au grondement non moins mélodieux de l'Océan. Ces baigneurs, dont beaucoup ne se baignent pas du tout, ne contribuent pas peu à soutenir la splendeur chancelante de l'antique cité du Croisic ; mais les populations des environs ne s'en ressentent guère, et les marais sont à peu près leur unique ressource.

La possession d'un marais salant est presque une fortune pour une famille. Il se compose d'une *vasière*, espèce de réservoir alimenté par un ruisseau ou *étier*, communiquant avec la mer au moment de la marée montante, et servant à plusieurs marais. Le marais proprement dit occupe à peu près le dix-septième d'un hectare. C'est une surface plane divisée en compartiments à peu près carrés, appelés *fares*, communiquant entre eux par des ouvertures pratiquées aux angles des carrés, en face les unes des autres, dans le sens de la diagonale. L'eau, sollicitée par une pente imperceptible, circule lentement dans les fares, où l'on cherche à lui faire parcourir le plus d'espace possible avant de la laisser pénétrer dans le *cristallisoir* ou *œillet*. L'eau de mer ne contient que 2 0/0 de sel ; il faut donc qu'elle soit saturée autant que possible par l'évaporation ; lorsqu'elle pénètre dans l'œillet, l'eau est saturée de sel à 27 0/0.

L'œillet a la forme d'un rectangle régulier entouré d'un petit chemin très-étroit, au milieu duquel se trouve un rond-point de un mètre de diamètre. Le fond de l'œillet est en argile bien battue, de façon à être rendu imperméable. C'est sur ce fond que l'eau de mer, saturée de sel autant que possible, cristallise par l'évaporation de l'eau. Le paludier, armé d'un long râteau en bois, enlève la croûte supérieure du sel, qui constitue la fleur du marais, un sel blanc de première qualité. La couche inférieure, dont les cristaux sont salis par un peu d'argile, forme un sel gris, dégageant une légère odeur d'iris. C'est ce sel que l'on nettoie dans les raffineries du Croisic et du Pouliguen, dont je parlerai plus loin.

Le sel, formé en petits tas, est ensuite réuni en gros *meulons* affectant la forme d'un cône tronqué surmonté d'une calotte demi-sphérique. Une forte couche de terre glaise bien battue recouvre le meulon et le met à l'abri des influences de la température extérieure. Les magasins des paludiers ne leur coûtent pas cher, comme vous voyez. Ce mode d'aménagement a, en outre, l'avantage de faciliter l'écoulement des sels de magnésie, de soude, etc., qui sont mélangés au sel marin et qui se dissolvent plus facilement que lui.

Un œillet rend au paludier de 1,200 à 3,000 kilog. de sel, selon les années. Quand on vend un œillet, — et on n'en vend guère, — c'est sur le pied de 300 fr. environ ; ce qui fait revenir à un peu plus de 5,000 francs l'hectare de marais.

On compte 1,200 œillets dans la baie, depuis la

pointe du Croisic jusqu'à Piriac. Le Morbihan a de 1,000 à 1,500 œillets ; la baie de Quiberon, c'est-à-dire depuis le Morbihan jusqu'à la Vilaine, 2,000 ; depuis l'embouchure de la Vilaine jusqu'à la Loire, 30,000.

On ne blanchit le sel qu'au Croisic et au Pouliguen, et depuis quelques années seulement. Le moyen qu'on emploie est bien simple. Le sel, baigné dans de l'eau saturée, traverse plusieurs cylindres en bois au centre desquels tourne un agitateur, c'est-à-dire un axe armé de palettes. Comme le bain est saturé de sel, il n'y a aucune déperdition à craindre : on n'enlève absolument que la vase qui entoure les cristaux.

L'usage du *sel blanchi*, qui ne coûte que 50 centimes par 100 kilogrammes de plus que le sel gris, commence seulement à se répandre. Depuis Saint-Malo jusqu'à Abbeville, on n'en veut pas d'autre. Il y a des gens qui résistent encore, même au Croisic, à cette dangereuse innovation. On trouve que le sel sale vaut mieux que le sel propre. On dit qu'il ne faut pas disputer des goûts ; j'aurais bien envie de disputer un peu sur celui-là.

Les raffineries font aussi le sel de table ou sel blanc, employé pour la salaison de la sardine à cause de la finesse de ses cristaux, qui rend l'absorption plus rapide. On fait dissoudre le sel brut dans l'eau de mer, et on clarifie la saumure en y ajoutant un peu de chaux et de sulfate d'alumine au moment de l'ébullition. L'évaporation et la cristallisation ont lieu dans de grandes caisses de fer fortement chauffées.

Le nettoyage du sel revient à 50 centimes les 100 kilog. ; le blanchiment revient à 4 fr. 50 c.

Vous comprenez que cette culture du sel est une grande affaire pour le pays. Aussi n'a-t-on rien négligé, pendant plusieurs siècles, pour apporter toutes les entraves possibles à l'exercice régulier de cette précieuse industrie. Ainsi, en 1688, on mit un droit énorme sur les draps, les frises, les charbons, etc., qu'apportaient au Croisic les navires qui venaient charger des sels. Nous empêchâmes les négociants étrangers de vendre leurs marchandises; ils ne vinrent plus acheter la nôtre. On appelait cela protéger la production intérieure.

Une autre fois, en 1714, le sel était très-cher et abondant; savez-vous ce qu'on fit? on défendit de le vendre à l'étranger, et les deux tiers de la récolte restèrent invendus.

Plus tard, ce sont les propriétaires des marais salants de la Saintonge qui demandent qu'on frappe d'un lourd impôt tout le sel expédié des marais de Bretagne pour l'étranger.

Comme c'est logique! Nous avons plus de sel que nous n'en pouvons consommer, faisons tous nos efforts pour empêcher qu'on ne le vende à l'étranger.

Mais quand on est sur cette pente, il n'est guère possible de s'arrêter. Les hommes qui sont séparés de nous par cette ligne conventionnelle qu'on appelle « la frontière » sont nos ennemis nés, par la raison qu'ils parlent la même langue que nous, ont les mêmes habitudes, les mêmes intérêts, les mêmes idées. C'est tout naturel : ils sont de l'autre côté de la frontière ; faisons-leur tout le mal que nous pourrons, afin qu'il nous en soit fait autant à nous-mêmes. Je comprends ça. Mais voyez comme on raisonnait bien en 1775. Un arrêt du conseil interdit aux armateurs de bateaux de pêche des côtes de la Normandie, — ce ne sont pas des étrangers, cette fois, — de prendre des sels au Croisic ou au Pouliguen, parce qu'on craignait que les fabricants ne vinssent à manquer de marchandise. Ils n'en manquèrent pas, les malheureux ! ils gardèrent la majeure partie de leur récolte.

« J'irai vous faire fermer votre boutique, monsieur, car, du train dont vous y allez, vous aurez bientôt tout vendu. — Mais c'est là ce que je demande, monsieur. — Vous vous trompez, mon brave négociant ; si vous ne vendiez pas, je vous laisserais vendre, mais puisque vous vendez, je vous arrête. »

Voilà à peu près ce qui se passait pour les sels en 1775.

Il est évident qu'on devait appliquer à tout le reste cette belle législation qui ruinait périodiquement les producteurs de sel. Les notables, bourgeois et manants formant l'assemblée de la ville du Croisic ne voulurent-ils pas un beau jour faire à leur tour un chef-d'œuvre d'économie politique ? Ils imaginèrent d'enjoindre aux maîtres de chaloupes de pêche de ne pas vendre leur poisson en rade à des vaisseaux étrangers, — toujours ces maudits étrangers, — et de les obliger à le porter sur le quai. Il paraît qu'en 1685 les patrons de bateaux ne faisaient pas partie de l'intelligente assemblée. Intelligente est le mot. MM. les notables voulaient manger du poisson à bon marché, ils n'imaginèrent rien de mieux que d'en interdire la vente à d'autres qu'à eux.

C'est simple comme ça. Protégeons intelligemment l'industrie de la pêche.

Mais voici une prouesse plus curieuse encore de MM. les notables du Croisic. On y fabriquait de l'amidon, et le commerce de ce produit était devenu considérable ; il s'étendait jusqu'en Espagne. Savez-vous ce que font les notables, ils prohibent cette industrie, sous prétexte que le pays ne fournissait pas de grains. Mais nous en faisons venir de l'étranger, leur dit-on. — Qu'est-ce ça nous fait ? cette industrie n'a pas sa raison d'être ; supprimée ! »

Voilà comme on entendait la liberté de l'industrie et du commerce dans le bon vieux temps. C'est à cette époque que l'on retrouve ce curieux document, qui restera comme un impérissable monument de l'art de gouverner. Un arrêt du 9 septembre 1687 défend, sous peine de confiscation, « de planter des vignes dans la province de Bretagne, pour le tort que cette culture peut faire à d'autres provinces. »

Avouez que, de notre temps, nous n'oserions pas aller jusque-là. Nous avions bien mis un impôt énorme de 30 centimes par kilogramme sur le sel parce que c'était un objet de première nécessité, — ce qui le faisait payer trois fois plus qu'il ne valait ; — mais nous sommes vite revenus de cette erreur (après un demi-siècle d'expérience), et on ne paye plus que 10 centimes par kilogramme depuis 1848. A mon avis, c'est peut-être encore 10 centimes de trop, mais on ne peut pas tout faire en un jour.

   Le Croisic, 10 août 1858.

§ 4. — Le dompteur de poissons.

On n'a jamais su précisément pourquoi Brives-la-Gaillarde et Carpentras, deux charmantes petites villes du Midi, servent, depuis un demi-siècle, de point de mire aux spirituelles plaisanteries de MM. les vaudevillistes. L'humaine nature n'est ni plus laide ni plus bête à Brives qu'à Paris.

Depuis que je suis à Concarneau, je me demande pourquoi les gens qui sont chargés d'avoir de l'esprit pour nous ont rangé ce petit port de mer parmi les villes dont le nom doit nous faire rire, et pourquoi vous riez, monsieur mon lecteur, quand Ravel ou Grassot se disent originaires de Concarneau, de Carpentras ou de Brives-la-Gaillarde.

Felix qui potuit rerum cognoscere causas !

Ce qui veut dire en français : « Heureux celui qui peut trouver une raison aux choses qui n'en ont pas ! »

Concarneau, quoi qu'on dise, est une petite ville fort agréable, située dans l'arrondissement de Quimper, département du Finistère. Il y a deux Concarneau : le Concarneau officiel, une petite ville exclusivement habitée par des pêcheurs, entourée de hautes murailles et posée au milieu de la baie comme un vaste pâté de foie gras. C'est une place forte. Ses antiques fortifications ont été restaurées par Vauban, à peu près comme on remet un habit à neuf en le retournant ; ses vénérables canons qui datent du siècle de Louis XIV, dorment paisiblement sur le gazon moelleux de ses remparts immaculés ; le commandant de la place est un sous-officier d'artillerie qui ne remonte pas tout à fait à Louis XIV ; la garnison se compose de douze soldats d'infanterie qu'on a relevés quelquefois depuis Vauban. La rue de Concarneau, — il n'y en a qu'une, — est bordée de maisons basses, à cause des boulets ; on n'y rencontre des passants que le dimanche, au moment de la messe.

La ville véritable est dans les faubourgs ; c'est là que sont les deux hôtels, l'hôtel des Voyageurs et l'hôtel de la Marine ; la mairie, la halle, le bureau de la douane, les confiseries de sardines, les bassins pour les 400 bateaux de pêche qui font la fortune du pays. C'est là que se trouve le vivier de M. Étienne Guilloux, le dompteur de poissons.

Mon savant confrère, M. Blanchard, a publié dans le *Siècle*, au sujet de l'apprivoisement des poissons, un compte rendu de l'Académie des sciences qui n'a pas seulement captivé l'attention du monde scientifique, mais qui a fait aussi beaucoup de bruit dans Concarneau. Les esprits forts du pays, — il y en a partout, — ont été surpris et un peu mécontents, de voir l'Académie s'occuper des travaux puérils de M. Guilloux, que les gens sérieux de l'endroit avaient dédaigneusement traités jusqu'ici.

C'est qu'ils sont très-forts, les esprits forts de Concarneau.

Vous savez que nul n'est prophète dans son pays.

Ce proverbe est vrai ici comme ailleurs, et M. Guilloux doit en savoir quelque chose. Du moment où l'on avait un bon petit proverbe pour l'exécuter, ce devait être un homme mort, et on l'eût bel et bien enterré dans son vivier, si un savant célèbre de Paris n'avait découvert le modeste savant de Concarneau et ne lui avait donné un noble et fraternel appui.

Les proverbes me sont odieux. Ces sentences banales, sottes, prétentieuses, sont une plaie de notre temps. Pourvu qu'on ait un proverbe à son service, on se dispense de montrer du bon sens, de la droiture et de la justice. Vous avez en vous-même un besoin d'étudier, d'apprendre et de savoir; vous vous sentez une aptitude pour les sciences, les arts, l'industrie ; vous essayez timidement vos forces naissantes dans l'obscurité de la petite ville qui vous a vu naître. Au premier succès, les voisins s'étonnent, les envieux se réveillent, les esprits forts se coalisent, les infaillibles vous condamnent et les imbéciles vous exécutent. Et si vous n'êtes pas assommé, découragé, ahuri par les clameurs malveillantes de vos chers concitoyens; si vous obtenez de la grande ville le brevet de capacité que votre terre natale vous refuse toujours, si les impuissants et les envieux, cédant à l'évidence, sont obligés de se taire, tout le mal qu'on vous a fait est bientôt expliqué, justifié, légitimé par le proverbe : « Nul n'est prophète en son pays. »

M. Guilloux, le pilote de Concarneau, n'est pas tout à fait prophète dans son pays, malgré la croix d'honneur attachée à sa veste de marin, malgré le rapport flatteur

dont ses travaux ont été l'objet à l'Académie des sciences. Ce n'est pas à dire qu'il n'y ait à Concarneau quelques personnes intelligentes qui lui rendent justice,
mais tout le monde ne le comprend pas. Cela n'a rien
d'étonnant ; voyez plutôt ce qu'il a fait.

Le pilotage, à Concarneau, ce n'est pas la mer à
boire. Le mouvement du port est peu considérable, et
les pêcheurs se servent de pilote à eux-mêmes. M. Guilloux, afin d'augmenter son modeste revenu, s'est fait
marchand de poissons. Il a établi un parc aux huîtres
à l'entrée de la rivière, et ses huîtres habilement amé-
nagées, ont rapidement acquis une qualité supérieure ;
puis il a ajouté à son commerce la vente des homards.
On en pêche beaucoup dans le pays ; mais, admirez la
Providence en ses desseins ! si tout le monde aimait le
homard, tout le monde voudrait en manger, et il deviendrait si cher que le petit nombre en pourrait seul
goûter. Pendant ce temps-là, les langoustes, ces homards sans pattes, méprisées, délaissées par les pêcheurs, iraient mourir de vieillesse au fond des mers.
Heureusement, les Parisiens n'aiment pas le homard,
qu'ils trouvent trop parfumé ; les Anglais n'aiment pas
la langouste qu'ils trouvent trop fade. M. Guilloux, en
commerçant habile, vend ses homards aux pêcheurs
anglais et leur achète des langoustes. Les homards vont
à Londres et les langoustes à Paris.

Mais pour opérer cet échange de bons crustacés, il
fallait conserver les homards jusqu'à ce qu'on vînt
d'Angleterre apporter des langoustes. M. Guilloux
creusa un vivier communiquant, au moyen d'une vanne,

avec la mer à marée haute, et dans lequel il déposa sa marchandise.

M. Charles Jacque, à force de peindre des poules, s'est mis à les aimer et à les étudier ; puis il a fait un beau livre avec le fruit de son expérience et de ses études.

M. Étienne Guilloux, tout en pêchant, en achetant et en vendant des poissons, s'est mis à les aimer et à les étudier. Le vivier est devenu un laboratoire d'expériences, et, M. Coste aidant, le pilote a régularisé ses études et consigné le résultat quotidien de ses observations sur un registre plein d'intérêt.

Jusqu'à ces derniers temps, on n'a jamais bien su comment s'opérait la reproduction des homards et des langoustes. L'opinion la plus accréditée plaçait le lit nuptial des époux loin du rivage, dans les profondeurs de la haute mer. Jamais les pêcheurs de la côte n'ont pris de petits homards ou de petites langoustes ; on en concluait qu'ils ne s'approchaient des roches que lorsqu'ils étaient arrivés à l'état adulte, capables de se défendre contre les nombreux ennemis que leur petitesse et la faiblesse de leur cuirasse devaient leur susciter.

M. Guilloux a découvert le moyen de féconder artificiellement les œufs de homard. J'ai vu, dans les bassins étagés qu'alimente un courant d'eau de mer, des homards depuis la taille d'un moucheron jusqu'à la taille d'une petite écrevisse.

Je suis sûr que l'on va me demander à quoi cela sert de féconder artificiellement les œufs de homard. « Laissez la nature faire paisiblement son œuvre, » me disait l'autre jour un esprit fort de Concarneau.

Pourquoi cultivez-vous votre champ, au lieu d'y laisser pousser l'herbe et les chardons, afin de les brouter à votre aise? Pourquoi faites-vous du vin au lieu de manger le raisin? pourquoi faites-vous du pain au lieu de manger votre blé comme les chevaux mangent leur avoine? Habillez-vous avec une de feuille de vigne et allez vous coucher sous un arbre. Est-ce que la nature fait du pain, du vin, des maisons et des paletots?

La nature, supposant que les Anglais pourraient bien détester le homard et les Parisiens abhorrer la langouste, a entouré la reproduction des innombrables œufs de ces crustacés de tant de causes de destruction, que pour un qui vient à point il y en a des milliers qui périssent. Et c'est bien fait; car si tous les œufs de homard venaient à éclore, la mer en serait infectée. Mais alors pourquoi le bon Dieu a-t-il doté le homard de si puissants moyens de reproduction? Est-ce pour avoir la satisfaction de les détruire? Non, sans doute. Qui est-ce qui empêche les Français et les Anglais d'aimer les langoustes et les homards, et de vouloir en manger? Personne. C'est pour cela que Dieu a multiplié les moyens de reproduction de ces crustacés afin de ne pas donner à l'homme un désir qui ne puisse être satisfait. Mais comme la loi de la vie est le travail, nous avons été condamnés à chercher les moyens d'éloigner les causes de destruction, afin de maintenir la production en harmonie avec la consommation.

L'habileté des pêcheurs s'accroît tous les jours, les engins de pêche se perfectionnent. On me parlait, l'au-

tre jour, à Lorient, d'un filet qui fera des pêches mira-
culeuses. L'appétit des consommateurs surexcite l'ardeur des marins, et bientôt le poisson disparaîtra de nos
côtes ravagées, comme il a disparu de beaucoup de nos
rivières. En fécondant artificiellement les œufs des homards et des langoustes, on repeuplera les roches de
l'Océan, comme on a repeuplé les lacs, les rivières du
continent, comme on a peuplé le fleuve artificiel du
bois de Boulogne.

Vous voyez bien que la fécondation artificielle peut
servir à quelque chose. C'est cette pensée parfaitement
juste qui a déterminé le gouvernement à prendre sous
sa protection l'établissement de Concarneau.

L'établissement en vaut la peine. Le vivier de M. Guilloux n'est pas seulement un réservoir destiné à alimenter une opération commerciale, c'est, comme l'a très-
bien dit M. Blanchard, un observatoire physiologique
au sein de l'eau des mers.

Quand vous remontez le quai de Concarneau, au-dessus du bassin, vous apercevez, au milieu des bois de
construction, une toiture qui s'élève presque à fleur de
terre. Cette toiture couvre l'observatoire de M. Guilloux. Vous descendez plusieurs marches, et vous arri-
vez à son plancher, composé de quelques planches
mobiles. Sous vos pieds, sont les cinq bassins où
grouillent homards, langoustes, araignées de mer, dans
l'eau transparente de la dernière marée. Autour de
vous, sur trois côtés du bâtiment, sont disposées quatre
rangées superposées de cellules plates, garnies de ci-
ment romain, et communiquant entre elles de manière

à ce qu'un courant d'eau de mer, provenant d'un réservoir supérieur, passe dans toutes les cellules et aille se perdre dans le vivier inférieur.

Dans ces cellules, qui représentent de petits baquets carrés et peu profonds, sont renfermés les poissons de mer dont M. Guilloux étudie les mœurs avec sollicitude, je pourrais dire avec amour. Il y a là à peu près tous les poissons que l'on pêche sur ces côtes. Aussitôt que le maître paraît, faisant entendre un petit sifflement analogue à celui qu'emploient les écuyers dans un manége, on voit les poissons endormis se réveiller ; l'onde est agitée par le frétillement de leur queue ; toutes les têtes sortent de l'eau. Il s'approche, promène sa main au-dessus de l'eau, et les poissons suivent tous ses mouvements, se bousculant, frétillant, sautant les uns par-dessus les autres, comme des écoliers délivrés de l'étude. Le pilote éloigne les plus mutins avec une chiquenaude, caresse les autres en leur passant la main sur le dos ; il les prend, les sort de leur domaine, les y remet, sans que ces animaux intelligents laissent apercevoir le moindre signe de terreur.

J'ai vu des congres énormes (espèce d'anguille à grosse tête) passer et repasser avec volupté dans un anneau formé par l'index et le pouce. Il leur tirait les nageoires comme l'empereur tirait la moustache aux vieux grenadiers de sa garde. Les plies, les soles sautaient à son approche comme de vrais goujons sans cervelle ; un jeune turbot, lorsqu'on le touchait de la main, changeait de couleur et faisait le gros dos comme un chat qu'on caresse.

J'ai vu des poissons aux larges nageoires roses frangées d'azur; des poissons verts, rouges, aux reflets métalliques; des serpents de mer souples comme du caoutchouc et fermes comme de l'acier; de vrais sylphes aux formes déliées, aux nageoires transparentes; des têtards monstrueux, semblables à des crapauds, obéir avec amour au moindre geste de leur maître.

On a beaucoup parlé, dans ces temps-ci, de M. Rarey, qui dompte la veille des chevaux qui vous tuent le lendemain; mais on ne s'occupera guère de M. Guilloux, qui dompte les poissons pour étudier leur vie et nous apprendre à restituer à la mer les hôtes que nous lui enlevons.

Il y a encore bien des gens qui croient à l'influence des comètes sur la récolte du vin, et qui n'admettent pas la pisciculture; ils nient la science, et ils ont foi dans les sorciers; un escamoteur vaut mieux qu'un savant.

Les esprits forts de Concarneau prétendent que les choses ne se sont jamais passées autrement, et que, tant que le monde vivra, ce sera toujours comme ça.

Comme je ne veux pas me fâcher, je les laisse dire.

CONCARNEAU, août 1858.

FIN.

TABLE DES MATIÈRES

FIN DE LA TABLE DES MATIÈRES.